Thomas Wissing

Traumatisierte Grundschulkinder unterstützen

Sensibel agieren – sichere Bindung aufbauen – Selbstfürsorge betreiben

Thomas Wissing hat einen Master in klinischer Psychologie (London), Diploma in Kognitiver Verhaltenstherapie und Philosophie, ist Certified Clinical Trauma Professional und spezialisiert auf Traumatherapie. Als Coach/Therapeut hat er langjährige Erfahrung in der Begleitung von Lehrkräften und bringt seine Expertise in Vorträgen und Fortbildung bundesweit an Schulen und Bildungsstätten im deutschsprachigen Raum ein. In seiner Privatpraxis bietet er sowohl Einzeltherapie und Coaching-Sitzungen als auch Ausbildungen im traumainformierten Coaching an.

Wir verwenden in unseren Werken eine genderneutrale Sprache, damit sich alle gleichermaßen angesprochen fühlen. Wenn keine neutrale Formulierung möglich ist, nennen wir die weibliche und die männliche Form. In Fällen, in denen wir aufgrund einer besseren Lesbarkeit nur ein Geschlecht nennen können, achten wir darauf, den unterschiedlichen Geschlechtsidentitäten gleichermaßen gerecht zu werden.

In diesem Werk sind nach dem MarkenG geschützte Marken und sonstige Kennzeichen für eine bessere Lesbarkeit nicht besonders kenntlich gemacht. Es kann also aus dem Fehlen eines entsprechenden Hinweises nicht geschlossen werden, dass es sich um einen freien Warennamen handelt.

1. Auflage 2023

AAP Lehrerwelt GmbH
Veritaskai 3
21079 Hamburg
Telefon: +49 (0) 40325083-040
E-Mail: info@lehrerwelt.de
Geschäftsführung: Andrea Fischer, Sandra Saghbazarian, Robin Schlenkhoff
USt-ID: DE 173 77 61 42
Register: AG Hamburg HRB/126335

Autorschaft: Thomas Wissing
Covergestaltung: TSA&B Werbeagentur GmbH, Hamburg
Coverfoto: Woman trying to fix red broken heart with adhesive bandage in flat design on white background ©Orapun via Adobe Stock (stock.adobe.com)
Illustrationen: Katharina Reichert-Scarborough (Hauptillustratorin); Manuela Ostadal (Pikto Waage); Stefan Lucas (Hände); Anke Fröhlich (Pikto Stift); Rebecca Meyer (Pikto Telefon) , Corina Beurenmeister (Banner)
Satz: Satzpunkt Ursula Ewert GmbH, Bayreuth
Druck und Bindung: Korrekt Nyomdaipari Kft., Budapest

ISBN/Bestellnummer: 978-3-403-21094-8
www.persen.de

Inhalt

Vorwort

Als Lehrkraft haben Sie die einzigartige Möglichkeit, nicht nur Wissen und Fertigkeiten zu vermitteln, sondern auch eine positive Wirkung auf das Leben Ihrer Schülerinnen und Schüler zu haben. Insbesondere bei traumatisierten Schulkindern können Sie durch gezielte traumapädagogische Ansätze einen wichtigen Beitrag zur Heilung und Stärkung leisten. Sie können Ihre Schülerinnen und Schüler dabei unterstützen, Vertrauen in sich selbst und ihre Fähigkeiten zu entwickeln, ihre Emotionen besser zu regulieren und ihre sozialen Beziehungen zu verbessern. Während Sie Ihren Schulkindern helfen, können Sie selbst auch von diesem Prozess profitieren. Indem Sie lernen, sich in die Lage Ihrer Schülerinnen und Schüler zu versetzen und sie besser zu verstehen, können Sie noch mehr Empathie und Mitgefühl entwickeln, was wiederum dazu beitragen kann, Ihre eigene Resilienz und emotionale Stärke zu stärken.

Allerdings besteht für Lehrkräfte, die mit traumatisierten Kindern arbeiten, ein erhöhtes Risiko der sekundären Traumatisierung. Wenn Lehrkräfte selbst bereits traumatische Erfahrungen gemacht haben, kann der Umgang mit traumatisierten Schülerinnen und Schülern zu einer Überforderung führen und sich durch Angstzustände, Depressionen oder Schlafstörungen zeigen. Daher ist es von großer Bedeutung, dass Sie sich der Problematik der sekundären Traumatisierung bewusst sind und angemessene Tipps, Ideen und Unterstützung erhalten, um mögliche Symptome frühzeitig zu erkennen und wirksam gegenzusteuern. Dieses Buch legt daher mit dem ersten Kapitel zur Selbstfürsorge den Fokus bewusst auf Ihre eigene Gesundheit. Denn nur wenn es Ihnen gut geht, können Sie anderen wirksam helfen!

Viel Freude beim Lesen wünscht Ihnen
Thomas Wissing

Selbstfürsorge

Gesundheit von Lehrkräften

Als ich mich dazu entschieden habe, ein Buch über den Umgang mit traumatisierten Grundschulkindern zu schreiben, fand ich es unabdingbar, mit einem Kapitel zur Selbstfürsorge der Lehrkraft zu beginnen. Der Grund dafür ist, dass die emotionale und physische Gesundheit der Lehrkräfte oft übersehen wird, obwohl sie der Schlüssel zur effektiven Unterstützung unserer Schülerinnen und Schüler ist.

In meiner langjährigen Erfahrung habe ich gesehen, dass die Arbeit mit traumatisierten Kindern emotional sehr belastend sein kann. Lehrkräfte sind täglich mit den schweren Lebensgeschichten ihrer Schulkinder konfrontiert und diese Herausforderung kann zu Symptomen der sekundären Traumatisierung oder der Mitgefühlserschöpfung führen. Lehrkräfte können Traumasymptome als Reaktion auf die Traumata ihrer Schulkinder entwickeln, sie können beginnen, sich überwältigt, erschöpft oder hoffnungslos zu fühlen. Dieser Zustand ist nicht nur schädlich für die Lehrkraft selbst, sondern beeinflusst auch die Qualität der Betreuung, die sie ihren Schülerinnen und Schülern bieten kann. Eine erschöpfte, gestresste Lehrkraft kann Schwierigkeiten haben, auf die Bedürfnisse ihrer Schulkinder einzugehen und eine sichere, unterstützende Umgebung für sie zu schaffen. Deswegen ist es meiner Meinung nach essenziell, dass Lehrkräfte lernen, sich um sich selbst zu kümmern und ihre eigenen emotionalen Bedürfnisse zu erkennen und zu erfüllen. Nur wenn sie emotional stabil und gesund sind, können sie die Herausforderungen bewältigen, die die Arbeit mit traumatisierten Kindern mit sich bringt. Sie können lernen, die Warnzeichen der sekundären Traumatisierung zu erkennen, und Strategien zu entwickeln, um damit umzugehen. Indem ich mit einem Kapitel zur Selbstfürsorge der Lehrkraft beginne, möchte ich die Wichtigkeit dieses Aspekts betonen und den Lehrkräften die Werkzeuge an die Hand geben, die sie benötigen, um sich selbst zu schützen und auf sich selbst aufzupassen, während sie ihre wichtige Arbeit machen.

Haben Sie diese Begriffe schon einmal gehört?

- Bäcker-/Bäckerinnengesundheit
- Feuerwehrmänner-/Feuerwehrfrauengesundheit
- Busfahrer-/ Busfahrerinnengesundheit
- Apotheker-/ Apothekerinnengesundheit

Und was ist mit dem Begriff:

- Lehrer-/ Lehrerinnengesundheit

Warum haben bzw. benötigen Lehrkräfte eine eigene Gesundheit? Lehren und Lernen ist vollständig eingebettet in zwischenmenschliche Beziehungsabläufe. Da das menschliche Gehirn die Qualität des Beziehungsgeschehens evaluiert und entsprechend dieser Evaluation die Aktivität neurobiologischer Stress- beziehungsweise Alarmsysteme eingestellt werden, unterliegen Humandienstleistungsberufe wie der Beruf einer Lehrkraft einem besonderen gesundheitlichen Risiko. Als Lehrkraft an einer Grundschule treten Sie tagtäglich in Interaktion mit Hunderten von Schülerinnen und Schülern, anderen Lehrkräften und Eltern. Ihr Gehirn ist u. a. ununterbrochen damit beschäftigt, emotionale Bewertungen und Einschätzungen vorzunehmen: Freund oder Feind, sympathisch oder unsympathisch, angenehm oder unangenehm. Diese mentalen Prozesse summieren sich über Tage, Monate und Jahre. Wenn Sie sich nicht ausreichend um Ihr Wohlbefinden kümmern oder diese Prozesse nicht bewusst reflektieren, kann es passieren, dass Sie irgendwann an einen Punkt gelangen, eine Grenze überschreiten, an dem die negative, emotionale Belastung auch körperlich deutlich zu spüren ist. Dies stellt für die Gesundheit von Lehrkräften eine besondere Herausforderung dar – insbesondere im Grundschulbereich, wo die Schülerinnen und Schüler noch in ihrer (emotionalen) Entwicklung sind und daher ihre Verhaltensweisen noch nicht vollständig reguliert haben. Zusätzlich zu dieser natürlichen Dynamik kommt noch der Druck hinzu, der von Eltern, Kolleginnen und Kollegen, der Schulleitung und der Gesellschaft im Allgemeinen ausgeübt wird.

Sekundäre Traumatisierung

Wie soll ich meine Seele halten, daß
sie nicht an deine rührt? Wie soll ich sie
hinheben über dich zu andern Dingen?
Ach gerne möcht ich sie bei irgendwas
Verlorenem im Dunkel unterbringen
an einer fremden stillen Stelle, die
nicht weiterschwingt, wenn deine Tiefen
schwingen.

Doch alles, was uns anrührt, dich und mich,
nimmt uns zusammen wie ein Bogenstrich,
der aus zwei Saiten eine Stimme zieht.
Auf welches Instrument sind wir gespannt?
Und welcher Geiger hat uns in der Hand?
O süßes Lied.

(Rainer Maria Rilke)

Dieses Gedicht von Rilke führt uns vor Augen, wie schwer es sein kann, die Grenzen zu seinem Gegenüber zu wahren. In Bezug auf die Gefahr einer sekundären Traumatisierung ist diese Grenzziehung jedoch besonders wichtig. Denn eine wiederholte sekundäre Traumatisierung kann zu einer chronischen sekundären Belastungsstörung führen.

Eine sekundäre Traumatisierung zeichnet sich aus durch

- Traumatisierung ohne unmittelbare Konfrontation mit dem Ereignis.
- Traumatisierung durch Kontakt mit Betroffenen.

Dies betrifft insbesondere Einsatzkräfte, helfende und nahestehende Personen.

Wenn Sie also hören, dass jemandem etwas Traumatisches passiert ist und Sie diesem Menschen sehr nahe, sehr verbunden sind, kann das genau dieselben Symptome auslösen, als hätten Sie das traumatische Ereignis selbst erlebt. Helfende können, sobald sie mit traumatisierten Menschen zu empathisch zusammenkommen, jederzeit eine sekundäre Traumatisierung erleben. Gelassenheit ist daher kein Luxus, sondern eine Bedingung für die psychische Gesundheit! Ein hohes Risiko stellt hier eine schlechte allgemeine Verfassung dar. Vielleicht schlafen Sie nicht gut, essen nicht gut, haben Sorgen, werden krank oder haben selbst eine traumatische Vorgeschichte.

Sekundäre Traumatisierung oder Burn-out?

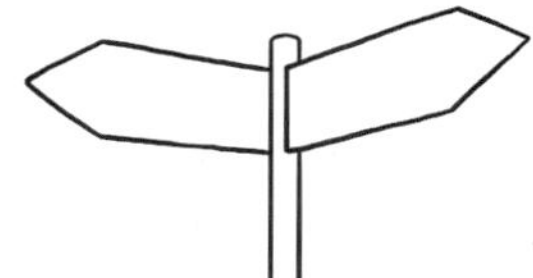

In meiner Tätigkeit begegnen mir oft Lehrkräfte, die mit einer mutmaßlichen Burn-out-Diagnose auf mich zukommen. Es ist wichtig zu betonen, dass *Burn-out* und *sekundäres Trauma* zwei separate Konzepte sind, die in Verbindung mit der beruflichen Belastung und der psychischen Gesundheit von Personen in helfenden und betreuenden Berufen auftreten können. Der Schlüssel zur Unterscheidung zwischen Burn-out und sekundärem Trauma liegt in den zugrunde liegenden Ursachen: Während Burn-out primär das Resultat von chronischem beruflichem Stress und Überforderung ist, ergibt sich sekundäres Trauma aus der indirekten Konfrontation mit den traumatischen Erfahrungen anderer. Obwohl ein Burn-out und ein sekundäres Trauma symptomatisch Ähnlichkeiten aufweisen können, ist es entscheidend, sie als getrennte Konzepte zu begreifen, da dies erhebliche Implikationen für Diagnose und Therapieansätze haben kann.

Es ist auch möglich, dass Personen sowohl von Burn-out als auch von sekundärem Trauma betroffen sein können, insbesondere wenn sie in helfenden Berufen arbeiten, in denen sie mit traumatisierten Personen arbeiten. In solchen Fällen ist es wichtig, sowohl die berufliche Belastung als auch die möglichen Auswirkungen der indirekten Traumaexposition zu berücksichtigen als auch angemessene Maßnahmen zur Selbstfürsorge, Unterstützung und Erholung zu ergreifen.

Bei genauerem Hinsehen stellte es sich in meiner beruflichen Praxis oft heraus, dass es sich bei dem Leiden nicht um ein Burn-out, sondern um eine sekundäre Traumatisierung handelte. Hier eine Unterscheidungshilfe:

Sekundäre Traumatisierung:

- Sie haben mit traumatisierten Kindern zu tun.
- Sie haben ein Trauma miterlebt oder beobachtet.
- Sie fühlen sich ängstlich, hilflos und/oder sind schreckhaft.
- Sie leiden unter möglichen Symptomen: Intrusion, Vermeidung, Übererregung und/oder Symptome der posttraumatischen Belastungsstörung.
- Sie leugnen die Überlastungsanzeichen vor sich selbst bzw. wollen diese nicht wahrhaben.

Burn-out:

- Burn-out ist ein berufsbedingtes, chronisches Belastungssyndrom mit stufenförmigem Verlauf: Sie entwickeln es allmählich infolge von emotionaler Erschöpfung.
- Sie verspüren auf mehreren Ebenen eine hohe Arbeitsbelastung.
- Sie zeigen eine hohe Leistungsbereitschaft, die Sie mit Ihrem Selbstwert verknüpfen.
- Sie haben das Gefühl, in einer (Arbeits-)Situation zu sein, die für Sie unlösbar ist.
- Mögliche Folgen: Funktionsstörungen, Fehlleistungen, Identitätsverlust.

Um nicht ein Burn-out und/oder eine sekundäre Traumatisierung zu erleiden, veranschaulichen Ihnen die folgenden Fallbeispiele, was präventiv getan werden kann:

Fallbeispiel: Persönliche Grenzen

Herr Meier ist Lehrer an einer Grundschule und arbeitet mit einer Gruppe von Schülerinnen und Schülern, von denen viele aus schwierigen familiären Umständen kommen und einige traumatische Erlebnisse hatten. Einer dieser Schüler, Tom, hat vor Kurzem seine Mutter verloren und kämpft nun mit Verhaltensauffälligkeiten und schlechten schulischen Leistungen. Herr Meier möchte Tom helfen, seine Situation zu bewältigen. Er beginnt, zusätzlich Zeit mit ihm zu verbringen, ihn zu beraten und bietet sogar an, ihn nach der Schule nach Hause zu fahren. Obwohl seine Absichten gut sind, findet er bald heraus, dass diese zusätzliche Verantwortung ihn emotional und physisch erschöpft. Herr Meier merkt, dass er seine persönlichen Grenzen überschritten hat und dass es wichtig ist, diese zu wahren, um seine eigene Gesundheit und sein Wohlergehen zu schützen. Herr Meier sucht professionelle Hilfe, um zu lernen, wie er Tom effektiv unterstützen kann, ohne seine eigenen Grenzen zu überschreiten. Er arbeitet daran, klare Grenzen zu setzen, wie die strikte Einhaltung der Schulstunden und das Empfehlen von professioneller Beratung für Tom. Durch das Wahren seiner persönlichen Grenzen kann Herr Meier weiterhin ein Unterstützer für Tom sein, ohne dabei seine eigene Gesundheit zu gefährden.

In meinen Vorträgen nutze ich auch gerne das folgende Beispiel, um die Notwendigkeit, Grenzen zu ziehen, zu verdeutlichen:

Stellen Sie sich einen reißenden Fluss mit Haien vor. Ja, ich weiß, Haie leben nicht in Flüssen, aber es geht um das Beispiel. Sie können auf gar keinen Fall durch den Fluss schwimmen. Aber die beiden Ufer verbindet eine Brücke. Am linken Ufer steht ein Mensch, der laut um Hilfe schreit. Am rechten Ufer stehen Sie. Wie weit würden Sie jetzt gehen, um der anderen Person zu helfen? Die Brücke stellt Ihre Fähigkeit zur Empathie dar. Sie ermöglicht es Ihnen, eine Verbindung zu der anderen Person herzustellen und Unterstützung zu leisten, ohne sich selbst in Gefahr zu bringen. Sie können auf die Brücke gehen, um näher an die andere Person he-

ranzukommen, ihr zuzuhören, Verständnis zu zeigen und Hilfestellungen anzubieten.
Was passiert aber, wenn Sie die Brücke ganz überqueren? Wenn Sie die Brücke vollständig überqueren, riskieren Sie, die persönlichen Grenzen zu überschreiten und die traumatischen Erfahrungen der anderen Person zu internalisieren, was zu sekundärer Traumatisierung führen kann.

Es ist wichtig, dass Sie Ihre eigenen Grenzen respektieren und sich selbst schützen, während Sie anderen helfen. Es ist auch wichtig, sich daran zu erinnern, dass Sie, obwohl Sie Unterstützung leisten können, nicht die Verantwortung für die Heilung der anderen Person tragen. Die meisten Menschen würden über die Brücke gehen und fragen, was los ist. Die Gefahr besteht jedoch, wenn Sie so nahe bei der anderen Person sind, dass Sie sich selbst verlieren. Sie sehen sich nicht mehr, haben sich selbst aus den Augen verloren. Die beste Variante ist, bis zur Mitte der Brücke zu gehen. Da sehen Sie weiterhin sich und die/den andere/-n. Das nennt sich empathische Distanz. Sie sind sehr nahe dran, aber halten trotzdem die nötige Distanz. Sie sind hier ein Vorbild und ermutigen. Viele Lehrkräfte neigen leider dazu, zu weit über diese Brücke zu gehen. Sie schleppen dann die/den andere/-n und sich zurück über die Brücke. Hinzu kommt: Auf der anderen Seite der Brücke steht nicht nur eine/-r. Es sind Hunderte.

Die eigene Geschichte reflektieren

Sich selbst gut zu reflektieren, ist im Umgang mit Traumatisierten sehr wichtig. Es hilft nichts, wenn ich Vertrauen, Sicherheit und Kontrolle ausstrahle, und mit mir selbst umgehe wie ein/-e Sklaventreiber/-in. Das passt nicht zusammen und ist daher auch nicht authentisch. Es sorgt sogar für Verwirrung bei den Kindern, die sehen und spüren so etwas. In Anbetracht der Erfahrungen von manchen Lehrkräften ist es wichtig zu betonen, dass es Werkzeuge gibt, um sowohl das Risiko als auch das Ausmaß von Traumata zu bewerten – bei den Betreuten und bei den Betreuern selbst. Ein solches Instrument ist beispielsweise der ACE-Test (ACE = Adverse Childhood Experiences).

Der ACE-Test ist ein Tool, das auf einer Studie basiert, die den Zusammenhang zwischen belastenden Kindheitserfahrungen und der Entwicklung von physischen und psychischen Gesundheitsproblemen im Erwachsenenalter untersucht hat. Fachleute, die mit traumatisierten Individuen arbeiten, können den ACE-Test nutzen, um sich ihrer eigenen traumatischen Erfahrungen bewusst zu werden. Die Testergebnisse könnten ihnen auch helfen, besser zu verstehen, warum sie sich möglicherweise überwältigt fühlen und Anzeichen von sekundärer Traumatisierung zeigen. Die Ergebnisse zeigen einen starken Zusammenhang zwischen der Anzahl der negativen Kindheitserfahrungen und einer erhöhten Wahrscheinlichkeit für eine Vielzahl von Gesundheitsproblemen, darunter Herzkrankheiten, Krebs, Schlaganfälle, Diabetes, chronische Lungenerkrankungen, Depressionen und Suchterkrankungen. Außerdem zeigt die Studie, dass Personen mit mehreren negativen Kindheitserfahrungen eine verkürzte Lebenserwartung hatten.[1]

[1] Felitti VJ, Anda RF, Nordenberg D, Williamson DF, Spitz AM, Edwards V, Koss MP, Marks JS. Relationship of childhood abuse and household dysfunction to many of the leading causes of death in adults. The Adverse Childhood Experiences (ACE) Study. Am J Prev Med. 1998 May;14(4):245–58. doi: 10.1016/s0749-3797(98)00017-8. PMID: 9635069.

Besonders die emotionalen Misshandlungen und Vernachlässigungen, die viele in ihrer Kindheit erleben, werden oft übersehen. In Deutschland haben Menschen, fast 44 %, mindestens eine belastende Erfahrung in der Kindheit gemacht, die mit Problemen im Elternhaus zu tun hat. Vor allem Menschen, die vier oder mehr solcher Erfahrungen gemacht haben, sind stark gefährdet, weitere Probleme zu entwickeln. Diese Hochrisikogruppe macht fast 9 % der Bevölkerung aus. Sie haben oft weniger Lebenszufriedenheit und ein höheres Risiko psychische Probleme und Probleme in der sozialen Interaktion zu entwickeln. Die Ergebnisse zeigen, dass bereits Kinder und Jugendliche hohe Raten von traumatischen Ereignissen und PTBS aufweisen, was die Dringlichkeit von intensiven Interventionen zur Reduzierung von Traumaexposition und zur Behandlung von PTBS unterstreicht.[2]

Grundschullehrkräfte, die mit eigenen unverarbeiteten Traumata und emotionalen Belastungen konfrontiert sind, könnten unbewusst in einer negativen Weise auf traumatisierte Schulkinder reagieren. Dieses Verhalten kann eine Verstärkung der Symptome bei den betroffenen Kindern zur Folge haben. Zudem kann es auch auf andere Schülerinnen und Schüler ausstrahlen und in der gesamten Klasse ein Klima der Unsicherheit und des Misstrauens schaffen. Darüber hinaus könnten Lehrkräfte, die eigene nicht aufgearbeitete Traumata mit sich tragen, Schwierigkeiten haben, traumatische Ereignisse bei ihren Schülerinnen und Schülern angemessen zu identifizieren und zu bewältigen. Dieses komplexe Wechselspiel zwischen den traumatisierten Lehrkräften und den Schulkindern kann, wenn es unbehandelt bleibt, eine anhaltende Kette von Problemen verursachen. Es ist daher essenziell, diese Dynamik zu verstehen und zu adressieren.

Wenn man die Verbreitung von ACE (Adverse Childhood Experiences) betrachtet und die Tatsache bedenkt, dass auch Lehrkräfte selbst von ACE betroffen sein können und gleichzeitig auf Schulkinder treffen, die unter ACE leiden, wird deutlich, wie wichtig das Konzept der Selbstfürsorge ist. Es ist, wie bereits erwähnt, von großer Bedeutung zu erkennen, dass Lehrkräfte selbst auch von den Auswirkungen von ACE betroffen sein können. Viele Lehrkräfte haben möglicherweise eigene traumatische Erfahrungen in ihrer Kindheit gemacht oder sind mit den traumatischen Geschichten und Verhaltensweisen der Schulkinder konfrontiert, die sie unterrichten. Indem Lehrkräfte auf ihre eigenen Bedürfnisse achten und sich um ihr eigenes Wohlbefinden kümmern, sind sie besser in der Lage, eine unterstützende und einfühlsame Umgebung für ihre Schulkinder zu schaffen. Durch den Aufbau einer starken Selbstfürsorgepraxis können Lehrkräfte auch ihre eigenen Ressourcen stärken und langfristig ihre Belastbarkeit und ihre Fähigkeit zur Bewältigung von Herausforderungen verbessern.

Wenn es Ihnen nicht gut geht, unabhängig von den Verdachtsmomenten, die Sie möglicherweise hegen, ist es wichtig, sich daran zu erinnern, dass Unterstützung und Hilfe verfügbar sind. Es ist von grundlegender Bedeutung, sich diese in schweren Zeiten zu holen. Denken Sie daran, es ist in Ordnung, Unterstützung zu suchen, und es ist wichtig, sich um sich selbst zu kümmern. Ihre Gesundheit und Ihr Wohlbefinden sollten immer an erster Stelle stehen.

---

[2] Landolt MA, Schnyder U, Maier T, Schoenbucher V, Mohler-Kuo M. Trauma exposure and posttraumatic stress disorder in adolescents: a national survey in Switzerland. J Trauma Stress. 2013 Apr;26(2):209-16. doi: 10.1002/jts.21794. Epub 2013 Mar 13. PMID: 23494743.

Checkliste

Es ist ebenso bedeutsam zu betonen, dass nur Fachpersonal, das entsprechend qualifiziert ist, eine genaue Diagnose hinsichtlich eines Traumas oder einer posttraumatischen Belastungsstörung (PTBS) stellen kann. Gleichwohl können bestimmte Anzeichen und Symptome Aufschluss darüber geben, ob ein mögliches Trauma vorliegen könnte. Nachfolgend finden Sie eine Checkliste, die als Leitfaden dienen kann und Sie möglicherweise dazu veranlasst, eine professionelle Einschätzung in Erwägung zu ziehen:

- **Intrusive Erinnerungen:** Haben Sie wiederkehrende, unerwünschte Erinnerungen an ein biografisches Ereignis, die Sie stören und die Sie nicht kontrollieren können?
- **Flashbacks:** Erleben Sie Momente, in denen Sie das Gefühl haben, das belastende Ereignis erneut zu durchleben?
- **Albträume:** Haben Sie wiederkehrende Albträume, die mit dem Ereignis verbunden sind?
- **Emotionale Belastung:** Fühlen Sie sich extrem belastet oder haben Sie körperliche Reaktionen (zum Beispiel Herzrasen), wenn Sie an das Ereignis erinnert werden?
- **Vermeidung:** Vermeiden Sie Orte, Personen oder Dinge, die Sie an das Ereignis erinnern?
- **Negative Veränderungen in Gedanken und Stimmungen:** Haben Sie Schwierigkeiten, sich an wichtige Aspekte des belastenden Ereignisses zu erinnern? Haben Sie übermäßig negative Gedanken über sich selbst, andere oder die Welt?
- **Gefühl von Isolation:** Haben Sie das Gefühl, von anderen Menschen isoliert zu sein, oder fühlen Sie sich emotional distanziert von Menschen, die Ihnen Nahe stehen?
- **Veränderungen in den körperlichen und emotionalen Reaktionen:** Sind Sie leicht schreckhaft oder auf der Hut? Haben Sie Schlafprobleme? Sind Sie reizbar oder haben Sie Wutausbrüche?
- **Veränderungen im täglichen Funktionieren:** Haben Sie Schwierigkeiten bei der Arbeit, in der Schule oder in Ihren zwischenmenschlichen Beziehungen? Haben Sie vermindertes Interesse an Aktivitäten, die Sie früher genossen haben?
- **Zeitliche Ausdauer der Symptome:** Haben Sie diese Symptome für mehr als einen Monat erlebt?

Wenn Sie eine oder mehrere dieser Fragen mit Ja beantworten, sollten Sie in Betracht ziehen, sich an Fachpersonal zu wenden, welches auf Trauma spezialisiert ist. Auch wenn Sie nicht sicher sind, kann ein Gespräch mit einer spezialisierten Person Klarheit bringen und Ihnen helfen, den nächsten Schritt zu bestimmen.

Es ist wichtig, dass Sie sich daran erinnern, dass es in Ordnung ist, Hilfe zu suchen, und dass Unterstützung verfügbar ist.

Die eigenen Werte kennen

Die Wichtigkeit des persönlichen Wertesystems für Pädagoginnen und Pädagogen im Grundschulbereich kann kaum überbewertet werden, da diese eng mit gesundheitlichen Aspekten und dem allgemeinen Wohlbefinden in der beruflichen Tätigkeit verknüpft ist. Pädagoginnen und Pädagogen, die sich ihrer Werte bewusst sind, zeigen eine größere Resilienz gegenüber den Herausforderungen, die der Lehrberuf mit sich bringt.

Sie sind in der Lage, auf innere Ressourcen zurückzugreifen, um schwierige Situationen zu meistern und dabei ihr körperliches und seelisches Wohlergehen zu wahren. Das **Selbstbewusstsein** ist ein Schlüsselaspekt, der eng mit dem Verständnis des eigenen Wertesystems zusammenhängt. Ein klares Verständnis ihrer Werte ermöglicht es den Lehrkräften, ihre Prioritäten, Motivationen und Ziele besser zu verstehen. Mit diesem Wissen können sie effektiver und zielgerichteter arbeiten und stressreduzierende Entscheidungen treffen. Des Weiteren spielt **Authentizität** eine wichtige Rolle. Wenn Lehrkräfte ihre eigenen Werte kennen und diese in ihrer Arbeit ausdrücken, sind sie in der Lage, authentischere Beziehungen zu ihren Schülerinnen und Schülern aufzubauen. Die Authentizität in diesen Beziehungen fördert das Vertrauen und die Bindung zwischen Lehrkräften und ihren Schulkindern, was wiederum zur Verbesserung des Wohlbefindens der Lehrkräfte beiträgt. Die Kenntnis des eigenen Wertesystems erleichtert es den Lehrkräften außerdem, eine gesunde **Work-Life-Balance** zu erreichen. Indem sie ihre Zeit und Energie effektiv aufteilen, können sie sicherstellen, dass sowohl ihre beruflichen als auch ihre persönlichen Bedürfnisse erfüllt werden. Eine ausgeglichene Work-Life-Balance ist für die physische und psychische Gesundheit der Lehrkräfte von entscheidender Bedeutung. Auch bei der Stressbewältigung spielt das Verständnis des eigenen Wertesystems eine wichtige Rolle. Es ermöglicht den Lehrkräften, ihre Stressoren besser zu erkennen und effektive Strategien zur Bewältigung zu entwickeln. Durch die Reflexion über ihre Werte können sie ihre Reaktionen auf Stress besser verstehen und gezielt angehen.

Wie finde ich meine Werte?

Die Entdeckung und das Verstehen Ihres eigenen Wertesystems kann ein intensiver und fortlaufender Prozess sein. Es beginnt mit der Selbstreflexion, indem Sie sich Zeit nehmen, über Ihre Überzeugungen, Haltungen und Verhaltensweisen nachzudenken. Fragen Sie sich selbst, was Ihnen wirklich wichtig ist im Leben und welche Prinzipien Ihre Entscheidungen und Handlungen leiten. Der nächste Schritt besteht darin, Ihre Kernwerte zu identifizieren.

Diese sind tief verwurzelte Prinzipien, die Ihr Denken, Fühlen und Handeln beeinflussen. Sie können Werte wie Ehrlichkeit, Respekt, Verantwortung, Gleichheit, Freiheit, Familie oder Bildung beinhalten. Versuchen Sie, eine Liste Ihrer wichtigsten Kernwerte zu erstellen, vielleicht Ihre Top 5 oder Top 10. Um Ihr Wertesystem weiter zu verstehen, sollten Sie Ihre Vergangenheit betrachten. Welche Erfahrungen und welche Menschen haben Ihre Werte geprägt? Welche Lektionen aus Ihrer Kindheit, Jugend oder aus anderen Lebensphasen sind Ihnen heute noch wichtig? Analysieren Sie auch Ihre Entscheidungen. Was sagen die Entscheidungen, die Sie in der Vergangenheit getroffen haben, insbesondere die bedeutsamen oder schwierigen, über Ihre Werte aus? Betrachten Sie auch verschiedene Lebensbereiche: Ihre Karriere, Ihre Familie, Ihre Gesundheit, Ihre Spiritualität, Ihr persönliches Wachstum und Ihre Freizeitaktivitäten. Welche Werte sind in jedem dieser Bereiche am wichtigsten für Sie? Es ist auch wichtig, Ihre Werte regelmäßig zu überprüfen und zu verfeinern. Werte können sich im Laufe der Zeit entwickeln und ändern. Stellen Sie sicher, dass Ihre definierten Werte wirklich das widerspiegeln, was Ihnen am wichtigsten ist, und nicht das, was Sie denken, das Sie wertschätzen sollten, oder das, was andere von Ihnen erwarten. Schließlich, wenn Sie Ihre Werte identifiziert haben, versuchen Sie, sie in Ihrem täglichen Leben zu leben. Ihre Werte sollten als Leitfaden für Ihre Entscheidungen, Handlungen und Interaktionen dienen. Sie sind ein wesentlicher Teil dessen, wer Sie sind, und sie zu ehren, kann Ihnen dabei helfen, ein authentisches und erfülltes Leben zu führen.

Prävention

Es ist nicht notwendig, gleich mehrtägige Retreats zu buchen, um sich selbst etwas Gutes zu tun. Stattdessen sollten Sie darauf achten, dass Sie sich jeden Tag kleine Wohlfühlmomente schaffen. Ich bezeichne diese Momente gerne als *Meine Minute*. *Meine Minute* kann natürlich auf verschiedene Art und Weisen gestaltet werden. Sie könnten daraus auch *Unsere Minute* machen, um ein kurzes, aber effektives Gefühl der Erholung für alle während des Unterrichts zu erzeugen:

1. Achtsame Minute: Schließen Sie für einen Moment die Augen und konzentrieren Sie sich auf Ihren Atem. Spüren Sie, wie der Atem ein- und ausströmt, und lassen Sie dabei alle Gedanken los.

2. Bewegungsminute: Nutzen Sie eine kurze Pause, um sich zu strecken und zu bewegen. Das kann Ihnen helfen, Verspannungen zu lösen und Ihre Konzentration zu steigern.

3. Dankbarkeitsminute: Denken Sie an etwas, wofür Sie dankbar sind. Dies kann Ihre Stimmung verbessern und Ihnen helfen, eine positive Perspektive zu bewahren.

4. Naturminute: Wenn Sie die Möglichkeit haben, werfen Sie einen kurzen Blick aus dem Fenster und genießen Sie die Schönheit der Natur. Dies kann eine beruhigende Wirkung haben und Ihnen helfen, sich zu entspannen.

5. Kreativminute: Skizzieren Sie etwas oder kritzeln Sie kurz auf einem Stück Papier herum. Dies kann eine befreiende Wirkung haben und Ihnen helfen, Stress abzubauen.

6. Musikminute: Hören Sie ein kurzes, beruhigendes Musikstück. Musik kann eine positive Wirkung auf Ihre Stimmung haben und Ihnen helfen, sich zu entspannen.

Bitte beachten Sie, dass es wichtig ist, diese Momente so zu gestalten, dass sie in Ihren Unterrichtsalltag passen und nicht störend wirken. Es geht darum, kleine Inseln der Entspannung zu schaffen, ohne dabei die Struktur und den Ablauf des Unterrichts zu stören. Wenn Sie feststellen, dass *Sie* sich angespannt fühlen, könnten Sie die Kinder eine Gruppenarbeit oder eine Stillarbeit durchführen lassen. So gewinnen Sie ein paar Minuten während des Unterrichts, um einmal tief durchzuatmen.

Zudem sind folgende Aspekte wichtig für Ihr Wohlbefinden:

- genügend (Wasser) trinken
- achtsame Atmung und Bewegung
- freundliche Selbstgespräche

Freundliche Selbstgespräche, auch als Selbstmitgefühl oder positive Selbstbestätigung bezeichnet, bezieht sich auf die Art und Weise, wie wir uns selbst in unserem inneren Dialog behandeln. Es ist die Praxis, sich selbst mit Freundlichkeit, Verständnis und Respekt zu begegnen, ähnlich wie wir es mit einem guten Freund / einer guten Freundin tun würden. Im Kontext der Lehrer/Lehrerinnengesundheit kann diese Praxis von entscheidender Bedeutung sein. Ein freundliches Selbstgespräch kann darin bestehen, sich selbst aufbauende und unterstützende Nachrichten zu senden, anstatt sich selbst zu kritisieren oder abzuwerten.

Selbstfürsorge als präventive Maßnahme könnte darin bestehen, sich bewusst zu machen, dass Fehler und Herausforderungen untrennbar mit dem menschlichen Dasein verbunden sind und dass es vollkommen akzeptabel ist, nicht fehlerfrei zu sein. Ebenso kann es beinhalten, sich selbst in anspruchsvollen oder stressbeladenen Phasen Mut und Rückhalt zu spenden.

Hierzu ein Fallbeispiel:

Fallbeispiel: Höfliche Selbstgespräche

Frau Müller ist eine Grundschullehrerin, die oft großen Druck fühlt, sowohl wegen der akademischen Anforderungen als auch wegen der emotionalen Bedürfnisse ihrer Schulkinder. Sie hat hohe Erwartungen an sich selbst und setzt sich unter Druck, um immer die beste Leistung zu erbringen. Wenn etwas schiefgeht, etwa wenn eine Unterrichtsstunde nicht so gut verläuft, wie sie es sich vorgestellt hat, neigt sie dazu, sich hart zu kritisieren und sich dafür verantwortlich zu machen.

Eines Tages hat Frau Müller eine besonders herausfordernde Unterrichtsstunde, in der die Schulkinder unruhig und abgelenkt sind und der geplante Unterricht nicht so gut funktioniert, wie sie es sich erhofft. Sie fühlt sich entmutigt und frustriert und beginnt, sich für das, was sie als ihr Versagen ansah, hart zu kritisieren. Doch sie merkt selbst, dass die Situation sich dadurch verschlimmert. Anstatt sich weiterhin zu kritisieren, entscheidet sie sich, einen anderen Ansatz zu versuchen. Sie erinnert sich an das Konzept des höflichen Selbstgesprächs, das sie in einer Fortbildung kennengelernt hatte, und beschließt, es auszuprobieren. Sie nimmt sich einen Moment Zeit, atmet tief durch und sagt sich selbst: ***„Es ist in Ordnung. Nicht jede Unterrichtsstunde kann perfekt sein. Es ist normal, dass es mal Herausforderungen gibt. Du gibst dein Bestes und das ist das Wichtigste.“*** *Durch dieses höfliche Selbstgespräch kann Frau Müller ihren Stress und ihre Frustration verringern. Sie erkennt, dass es in Ordnung ist, Fehler zu machen, und dass sie nicht perfekt sein muss, um eine gute Lehrerin zu sein. Sie fühlt sich bestärkt und ermutigt und kann mit mehr Gelassenheit und Zuversicht in ihre nächsten Unterrichtsstunden gehen. In den folgenden Wochen und Monaten macht Frau Müller es sich zur Gewohnheit, sich mit Freundlichkeit und Verständnis zu begegnen. Sie merkt, dass sie dadurch besser mit den Herausforderungen des Unterrichts umgehen kann und dass sie insgesamt zufriedener und ausgeglichener in ihrem Beruf ist. Das höfliche Selbstgespräch wird zu einem wichtigen Werkzeug für sie, um ihre eigene Gesundheit und ihr Wohlbefinden zu fördern.*

Die 3×7-Regel

Versuchen Sie, jeden Tag mindestens sieben Minuten lang Freude an Ihrer Arbeit zu haben – natürlich darf es gerne mehr sein. Es ist wichtig, dass Sie Freude an dem empfinden, was Sie tun. Selbst wenn der Tag herausfordernd ist, gibt es sicherlich diese besonderen sieben Minuten, die Ihnen ein Lächeln ins Gesicht zaubern. Gönnen Sie sich täglich einen erholsamen Schlaf von mindestens sieben Stunden und reservieren Sie den siebten Tag der Woche für eine wohlverdiente Pause.

- 7 Minuten Spaß in der Arbeit
- 7 Stunden schlafen
- 7. Tag: Ruhetag

Drei Grundregeln

1. Gut essen

Hierbei geht es darum, sich bewusst und gesund zu ernähren. Es ist völlig in Ordnung, sich ab und zu etwas Besonderes zu gönnen – es muss nicht immer bio sein. Vielleicht haben Sie ja auch hin und wieder Lust auf ein leckeres Schokoladeneis mit einer Portion Sahne. Wichtig ist, dass Sie sich Zeit nehmen und Ihre Mahlzeiten genießen, vielleicht sogar in angenehmer Gesellschaft. Denn Essen ist nicht nur Nahrungsaufnahme, sondern auch Genuss und soziales Miteinander.

2. Viel feiern

Lassen Sie sich nicht vom Negativen überwältigen. Das Leben hat viel Schönes zu bieten. Nicht jeder Mensch hat schlechte Absichten – tatsächlich sind die meisten Menschen durchaus liebenswürdig. Ihre Tätigkeit als Lehrkraft, insbesondere in der Grundschule, ist eine wertvolle und erfüllende Aufgabe. Sie legen den Grundstein für das weitere Leben Ihrer Schülerinnen und Schüler. Bewahren Sie Ihre positive Haltung und Ihren Humor – denn ein Lachen kann oft Wunder wirken.

3. Wütend putzen

Dieser Punkt bezieht sich darauf, aufgestaute Energie auf konstruktive Weise zu kanalisieren. Es ist vollkommen in Ordnung, Emotionen wie Wut zu empfinden. Anstatt diese Emotionen zu unterdrücken, kann man sie in eine produktive Tätigkeit wie das Aufräumen einfließen lassen. Dies hilft dabei, Struktur und Ordnung zu schaffen und Klarheit in das eigene Umfeld und die Gedanken zu bringen.

Vision

Postheroische Pädagogik ist ein Ansatz, der das traditionelle Modell der Lehrkraft als *Held* und *Heldin*, der/die alle Antworten hat und jedes Problem lösen kann, infrage stellt. Stattdessen betont die postheroische Pädagogik die Wichtigkeit von Gemeinschaft, Zusammenarbeit und geteiltem Lernen. Lehrkräfte sind nicht die allwissenden Figuren, die alle Lösungen bereitstellen, sondern Teil einer Gemeinschaft, in der jede eine Lernende / jeder ein Lernender und eine Lehrkraft ist. Das Konzept der postheroischen Pädagogik beinhaltet auch das Bewusstsein für die Begrenztheit des individuellen Handelns und die Anerkennung der Komplexität und Vielfalt des Lernens.

Es bedeutet auch, die Bedeutung der Selbstfürsorge und des Wohlbefindens der Lehrkräfte anzuerkennen. Postheroische Pädagogen und Pädagoginnen erkennen an, dass sie nicht alle Probleme ihrer Schülerinnen und Schüler lösen können und dass es wichtig ist, ihre eigene Gesundheit und ihr eigenes Wohlbefinden zu bewahren. Die Idee hinter der postheroischen Pädagogik ist des Weiteren, im Kollegium eine Art Taskforce einzurichten: Vier oder fünf Kollegen/Kolleginnen, die speziell auf Trauma geschult sind, sind Vertrauenspersonen, an die die anderen Lehrkräfte sich wenden können, um aus einer möglichen Isolation herauszukommen. Es entsteht ein Wir-Gefühl und unterstützt zudem das klare Wertesystem, das hinter der Schule steht.

Vertrauen, Sicherheit und Kontrolle sind entscheidende Aspekte in einer Schulumgebung, vor allem für traumatisierte Kinder. Bei der Etablierung dieser Werte spielt Struktur eine zentrale Rolle. Die Schulgemeinschaft sollte als Einheit agieren und einheitliche Entscheidungen treffen. Dies bedeutet, dass Entscheidungen nicht auf individueller Ebene getroffen werden, sondern als Kollektiv. Die Aussage: ***Wir** als Schule haben das so entschieden* statt *Sie haben das entschieden* gewährleistet eine solche Einheitlichkeit und verhindert die Entstehung von Ungleichgewichten, die oft zu Äußerungen wie *Aber bei Frau Maier dürfen wir das* führen. Diese konsistente Struktur und Einheitlichkeit bieten den Kindern ein Gefühl von Sicherheit und Vorhersehbarkeit, das für traumatisierte Kinder besonders wichtig ist.

Die Kinder lernen, dass es Regeln und Routinen gibt, die konsequent eingehalten werden, und dass alle Mitglieder der Schulgemeinschaft diese gleichermaßen befolgen. Dies trägt dazu bei, ein Umfeld und Klima zu schaffen, in dem sich die Kinder sicher und verstanden fühlen, und ermöglicht es ihnen, sich auf das Lernen zu konzentrieren, anstatt sich um unvorhersehbare Veränderungen oder Unterschiede zwischen den Lehrkräften sorgen zu müssen. In einem solchen Umfeld können sie beginnen, Vertrauen aufzubauen und ein Gefühl der Kontrolle über ihre Umgebung zu entwickeln, was für ihre Heilung und ihr Wachstum von entscheidender Bedeutung ist.

Fallbeispiel: Eine Schule mit verbindlichen Werten

Die Grundschule Am Sonnenberg hat sich dazu entschlossen, ein einheitliches Regelwerk für den Schulalltag einzuführen. Sie stellten fest, dass Unterschiede in den Klassenzimmern und zwischen den Lehrkräften zu Verwirrung und Unsicherheit unter den Schulkindern führten, insbesondere unter denen, die traumatische Erfahrungen gemacht hatten. Ein spezieller Fall war Lisa, ein Mädchen, das aufgrund familiärer Probleme mehrere traumatische Erlebnisse durchlebt hatte. Lisa fand es besonders schwer, sich auf die ständig wechselnden Regeln und Erwartungen in den verschiedenen Klassen und bei verschiedenen Lehrkräften einzustellen. Sie war oft ängstlich und unsicher und hatte Schwierigkeiten, sich auf das Lernen zu konzentrieren. Die Schule entschied sich daher für einen einheitlichen An-

satz. Anstatt dass jede Lehrkraft ihre eigenen Regeln festlegte, wurde nun ein gemeinsames Regelwerk für alle Klassen eingeführt. Die Lehrkräfte erklärten den Schulkindern: „Wir als Schule haben das so entschieden, nicht einzelne Lehrkräfte." Dies sorgte für eine konsistente Struktur und Einheitlichkeit, die allen Schülerinnen und Schülern hilft, sich sicherer und kontrollierter zu fühlen. Für Lisa war dies eine große Veränderung. Sie wusste nun genau, was von ihr erwartet wurde, unabhängig davon, welches Klassenzimmer sie betrat oder welche Lehrkraft sie unterrichtete. Sie fühlte sich sicherer und war weniger ängstlich. Sie konnte sich besser auf das Lernen konzentrieren und machte deutliche Fortschritte sowohl in ihren schulischen Leistungen als auch in ihrem allgemeinen Wohlbefinden. Die einheitliche Struktur und die konsistenten Erwartungen halfen ihr, Vertrauen aufzubauen und sich sicherer in ihrer Schulumgebung zu fühlen.

Grundlagen

Im letzten Kapitel haben Sie sich ausführlich mit dem Thema Selbstfürsorge auseinandergesetzt. Sie haben sich mit verschiedenen Methoden und Strategien vertraut gemacht, die Sie dabei unterstützen, Ihr Wohlbefinden zu pflegen und Ihre psychische Gesundheit zu stärken. Sie haben erfahren, dass es wichtig ist, auf sich selbst zu achten und den eigenen Bedürfnissen Raum zu geben, um den vielfältigen Herausforderungen des Lebens besser begegnen zu können. Doch die Selbstfürsorge ist nur ein Teil der Gleichung, insbesondere wenn wir mit Menschen arbeiten, die Traumata erlebt haben.

Trauma

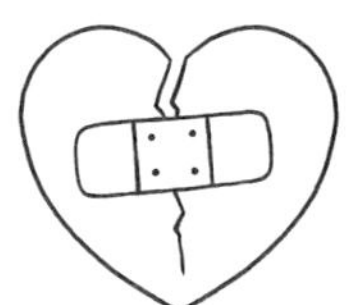

Ein Psychotrauma wird oft als eine Wunde der Seele bezeichnet, eine tiefe und schmerzhafte Verletzung, die nicht sichtbar ist, aber dennoch tiefgreifende Auswirkungen auf das Leben einer Person hat. Es entsteht als Reaktion auf ein Ereignis, das subjektiv als extrem stressig oder bedrohlich wahrgenommen wird und das Potenzial hat, ein Gefühl der Überforderung und Ohnmacht hervorzurufen. Diese stressigen äußeren Ereignisse, die ein Trauma auslösen können, variieren stark. Sie können einmalige oder wiederkehrende Erfahrungen sein und reichen von schwerwiegenden Unfällen, körperlichen oder sexuellen Übergriffen, Naturkatastrophen bis hin zu lang anhaltenden Stresssituationen wie Mobbing oder emotionaler Vernachlässigung. Ein Trauma ist also nicht einfach nur ein externes Ereignis, sondern eine individuelle, körperliche Reaktion auf das, was außen geschieht. Diese Reaktion kann sich in vielfältiger Weise äußern, zum Beispiel in Form von intensiven emotionalen Reaktionen, körperlichen Symptomen oder Veränderungen in der Wahrnehmung und im Denken. All diese Reaktionen können als Versuche des Körpers und des Geistes verstanden werden, mit der überwältigenden Erfahrung des traumatischen Ereignisses umzugehen und sich anzupassen. Was ein Trauma auslöst, ist jedoch von Person zu Person unterschiedlich und daher höchst individuell. Diese individuellen Unterschiede können auf eine Vielzahl von Faktoren zurückgeführt werden, darunter die individuelle psychische und physische Verfassung, persönliche Lebenserfahrungen, Resilienz und Bewältigungsmechanismen sowie das soziale und emotionale Umfeld der Person.

Nicht Außenstehende entscheiden daher, welches Ereignis *schlimm* genug ist, um als Trauma zu gelten, sondern die betroffene Person, die durch das Erleben eine emotionale und körperliche Reaktion zeigt und meistens die folgenden Dinge grundsätzlich in Frage stellt:

1. *Ich kann Menschen vertrauen.*
2. *Ich bin sicher.*
3. *Die Welt ist kontrollierbar.*
4. *Ich bin wertvoll.*

Aufgrund dieser individuellen Unterschiede ist es nicht möglich, eine allgemeingültige Bewertung dessen zu geben, was ein Trauma auslöst. Es gibt keine *Einheitsgröße*, die für alle passt. Jede traumatische Erfahrung ist einzigartig und muss als solche betrachtet und behandelt werden. Daher ist es wichtig, eine offene und einfühlsame Haltung einzunehmen und jede Person und ihre Erfahrungen mit Respekt und Verständnis zu behandeln. Ziel ist es immer, die individuellen Bedürfnisse und Reaktionen jeder Person zu erkennen und darauf einzugehen, um Heilung und Genesung zu unterstützen. Einige Menschen können unmittelbar nach dem Ereignis mit intensiven emotionalen und körperlichen Reaktionen reagieren, während andere möglicherweise erst nach einer gewissen Zeit Anzeichen von Stress oder Unruhe zeigen. In vielen Fällen geht ein Psychotrauma mit Gefühlen der **Überforderung** einher, die sich in einem tiefen Gefühl der Hilflosigkeit und **Ohnmacht** ausdrücken können. Diese Gefühle können begleitet sein von überflutenden Ängsten, die das tägliche Leben und das Wohlbefinden einer Person beeinträchtigen können. Die betroffene Person kann Schwierigkeiten haben, mit diesen intensiven Emotionen umzugehen, was zu weiterem Stress und weiterer Unruhe führen kann.

Es wird unterschieden zwischen akzidentellen (Unfalltrauma) und interpersonellen Traumata, die von Mensch zu Mensch ausgelöst werden. Letztere treten häufiger auf. Es wird zudem zwischen dem sogenannten Schocktrauma und dem Komplextrauma differenziert.

Das Schocktrauma bezieht sich auf ein einzelnes, verstörendes Ereignis, während das Komplextrauma aus vielen kleineren Ereignissen besteht, die einzeln möglicherweise nicht so schwerwiegend erscheinen, zusammen jedoch ein erhebliches Problem darstellen. Außerdem können Traumata kurz- oder langfristig sein. Kurzfristige Traumata sind z.B. Verkehrsunfälle, langfristige hingegen z.B. anhaltende Naturkatastrophen oder eine chronische Erkrankung, die Beschwerden bereitet. Gewalterfahrungen und einmalige sexuelle Übergriffe zählen zu den interpersonellen Schocktraumata, die je nach Zeitspanne lang- oder kurzfristig sein können. Emotionaler Missbrauch beispielsweise tritt häufig über einen längeren Zeitraum auf und kann sich in mehreren kleineren Traumata zeigen (Komplextraumata).

Bei einer Traumatisierung können zwei unterschiedliche physiologische Prozesse ablaufen, die als Übererregungskontinuum bezeichnet werden. Auf der einen Seite steht der *Fight or flight*-Mechanismus, der eine Reaktion des Körpers auf akute Gefahr darstellt. In diesem Zustand befindet sich eine Person in einem Alarmzustand der Wachsamkeit, begleitet von Angst und Schrecken. Gleichzeitig verändert sich das serotonerge System, was sich in impulsivem Verhalten, emotionaler Labilität und erhöhter Aggressivität zeigen kann. Auf physiologischer Ebene führt der *Fight or flight-Mechanismus* zu verschiedenen Veränderungen im Körper. Der Blutdruck steigt an, während die Pulsrate abnimmt. Die Atmung wird schneller und der Muskeltonus erhöht sich. Gleichzeitig kann die Wahrnehmung von Schmerz verstärkt sein. Diese physiologischen Veränderungen sind Teil der natürlichen Reaktion des Körpers auf potenzielle Bedrohungen und dienen dazu, die Überlebensfähigkeit zu erhöhen. Allerdings können sie bei traumatischen Erfahrungen übermäßig oder dauerhaft aktiviert sein, was zu anhaltenden Symptomen wie Angststörungen, erhöhter Erregbarkeit und anderen traumabezogenen Störungen führen kann. Es ist wichtig zu beachten, dass die Reaktionen auf Traumata individuell variieren können und nicht alle Personen dieselben physiologischen Veränderungen erleben. Einige Menschen können sich in einem übererregten Zustand befinden, während andere eher eine Art *Freeze*-Reaktion zeigen, bei der sie erstarrt und handlungsunfähig werden.

Grundschullehrkräfte können durch das Wissen über physiologische Reaktionen gezielte Maßnahmen ergreifen, um ein sicheres und unterstützendes Lernumfeld zu schaffen. Sie können klare Strukturen und Routinen bereitstellen, die dem Kind Sicherheit vermitteln. Sie können auch beruhigende Aktivitäten und Entspannungstechniken in den Schulalltag integrieren, um den Kindern zu helfen, sich zu beruhigen und sich auf das Lernen zu konzentrieren.

Flashbacks und Trigger

Jeder Mensch hat Traumata erlebt oder erlebt diese im Laufe des Lebens. Sei es beispielsweise die Scheidung der Eltern, der (plötzliche) Tod einer geliebten Person oder die psychische Erkrankung der Bezugsperson/-en in der Kindheit, die uns schockiert und/oder haben ohnmächtig werden lassen. Auch der Tod eines Haustiers kann ein solches Schockerlebnis darstellen. Wie gesagt: Traumata sind subjektiv. Wenn sie nicht verarbeitet werden, kann es sein, dass Betroffene durch *Trigger* (interne und/oder externe Reize) *Flashbacks* (lebhafte Erinnerung) erleiden. Flashbacks und Trigger sind daher Begriffe, die im Zusammenhang mit traumatischen Erlebnissen und deren Folgen eine wichtige Rolle spielen. Man kann sich das Zusammenspiel von *Trauma, Flashback* und *Trigger* wie einen unordentlichen Kleiderschrank vorstellen: Während des Traumas werden die Erfahrungen und Empfindungen unsortiert in den Schrank gestopft. Irgendwann schließt die Tür nicht mehr richtig und bei jeder kleinen Berührung springt sie auf (Trigger). Diese *Berührungen* können sehr individuell sein: bestimmte Geräusche, Gerüche, Orte, Menschen, Gegenstände, Gedanken und Gefühle, die die betroffene Person an das Trauma erinnern. Wenn die Tür aufspringt, fallen alle Erinnerungen und Empfindungen heraus (Flashbacks). Diese können als lebhaft und realistisch empfunden werden, so als würde die betroffene Person das traumatische Ereignis erneut erleben. Sie können starke emotionale und körperliche Reaktionen hervorrufen wie Angst, Panik, Schmerz oder Unwohlsein. Daher stopft die betroffene Person alles hastig zurück in den Schrank, ohne darauf zu achten, wie es hineingelegt wird.

Dies führt zu anhaltender Anspannung. Wie Sie sich vorstellen können, ist dies keine dauerhafte Lösung. Denn auch jetzt wird die Tür bei der nächsten kleinen Berührung erneut aufspringen und der Kreislauf beginnt von vorn.

Posttraumatische Belastungsstörung

Eine posttraumatische Belastungsstörung (PTBS) ist eine psychische Erkrankung, die in der ICD-10 (International Classification of Disease) F.43.1. als die häufigste Diagnose nach traumatischen Erlebnissen definiert wird. Sie geht mit Kernsymptomen einher, die sich in drei Hauptkategorien einteilen lassen:

1. *Wiedererleben des Traumas (Flashbacks):*

Betroffene mit einer PTBS können das traumatische Ereignis wiederholt in ihren Gedanken, Träumen oder Albträumen durchleben. Flashbacks, also intensive Erinnerungen an traumatische Ereignisse, können oft körperliche Reaktionen hervorrufen. Dazu gehören unter anderem Symptome wie Panikattacken, erhöhter Herzschlag, Schweißausbrüche oder Zittern.

2. *Vermeidung und emotionale Taubheit:*

Betroffene mit einer PTBS können versuchen, alles zu vermeiden, was sie an das traumatische Ereignis erinnert. Dies kann dazu führen, dass sie sich von Freundinnen, Freunden, Familie und Aktivitäten zurückziehen. Sie können auch emotionale Taubheit zeigen, indem sie Schwierigkeiten haben, positive Emotionen zu empfinden. Auch gedankliche Abwesenheit, ein leerer Blick, fehlende Mimik und ein Entfremdungsgefühl der betroffenen Person sind hier häufig.

3. *Übererregung oder erhöhte Wachsamkeit:*

Betroffene mit einer PTBS können Anzeichen von Übererregung oder erhöhter Wachsamkeit zeigen, wie z. B. Schlafstörungen, Reizbarkeit, Wutausbrüche, Konzentrationsschwierigkeiten oder ein erhöhtes Schreckhaftigkeitsverhalten. Die Person kann eine andauernde Gefahr empfinden, die sich in notorischer Unruhe und Nervosität zeigt. Auch mangelndes Vertrauen und eine Abwehr- bzw. Verteidigungshaltung sind hier typische Begleiterscheinungen.

Es gibt einige Studien, die sich mit der Anwendung der PTBS-Diagnose bei Kindern und Jugendlichen auseinandersetzen. Eine Studie von Meiser-Stedman et al. (2009) ergab, dass es bei Kindern und Jugendlichen im Vergleich zu Erwachsenen häufiger zu ungewöhnlichen Symptomen kommt, wie zum Beispiel übermäßiger Wut, Trennungsangst und Erleben von körperlichen Symptomen wie Kopfschmerzen und Bauchschmerzen. Diese Symptome können bei Erwachsenen seltener auftreten und führen daher möglicherweise dazu, dass die PTBS-Diagnose bei Kindern und Jugendlichen unterdiagnostiziert wird. Das führt leider immer wieder dazu, dass Traumafolgestörungen nicht erkannt werden, weil sie nach den geltenden Definitionen durchs Raster fallen. Eine weitere Studie von Cohen et al. (2010) schlug vor, dass es möglicherweise notwendig ist, die Diagnosekriterien für PTBS bei Kindern und Jugendlichen zu überarbeiten, um ihre besonderen Bedürfnisse und Symptome angemessener zu erfassen.

Trauma vs. Schuld- und Schamgefühle

In der Betrachtung von Traumata ist es wichtig, nicht nur die physischen und emotionalen Symptome zu berücksichtigen, sondern auch die tieferliegenden existenziellen Aspekte in den Blick zu nehmen, die eine bedeutende Rolle in der Arbeit mit traumatisierten Kindern spielen können. Ein besonders relevantes Element in diesem Kontext ist die Verbindung zwischen Trauma und Gefühlen von Schuld und Scham.

Personen, die ein Trauma erlebt haben, kämpfen oftmals mit starken Schuld- und Schamgefühlen. Sie können sich beschmutzt oder abgestempelt fühlen und unter dem enormen Druck stehen, *es schaffen zu müssen*. Zudem kann ein tiefgreifendes Gefühl der Isolation und Andersartigkeit entstehen. Sie könnten im Kern denken oder glauben, dass sie sich von anderen Menschen unterscheiden, was zu einem starken Gefühl der Entfremdung führen kann. Darüber hinaus kann es vorkommen, dass sich traumatisierte Personen extrem einsam fühlen – *mutterseelenallein* – und von der Überzeugung geplagt werden, dass niemand ihre Erfahrungen oder Gefühle wirklich verstehen kann. Sie könnten sogar das Gefühl haben, ihre menschliche Identität verloren zu haben. Sowohl Schuld- als auch Schamgefühle können nach traumatischen Ereignissen reflexartig auftreten. Diese Symptome beziehen sich auf die Verknüpfung von Trauma und Schuld-/Schamempfinden. Traumatische Erfahrungen können dazu führen, dass sich Betroffene als unwürdig, beschädigt oder schuldig empfinden, was zu tief verwurzelten Schamgefühlen führen kann. Schuldgefühle entstehen häufig, wenn Menschen glauben, dass sie für das traumatische Ereignis verantwortlich sind oder dass sie etwas hätten tun können, um es zu verhindern.

Obwohl es gut gemeint ist, traumatisierten Menschen zu sagen: *Es war nicht deine Schuld*, kann es in einigen Fällen kontraproduktiv sein oder sogar unerwünschte Reaktionen hervorrufen. Hier sind einige Gründe, warum diese Aussage möglicherweise nicht hilfreich ist:

Entwertung der Gefühle: Indem gesagt wird, dass die Betroffenen keine Schuld haben, könnte man das Gefühl erzeugen, dass die Sorgen und Schuldgefühle der Betroffenen ungerechtfertigt oder unbegründet sind. Das kann dazu führen, dass sich die betroffene Person unverstanden und entwertet fühlt, was wiederum den Heilungsprozess erschweren kann.

Abwehrreaktionen: Wenn traumatisierte Menschen fest davon überzeugt sind, dass sie schuldig sind, kann die Aussage *Es war nicht deine Schuld* Abwehrreaktionen hervorrufen. Die Betroffenen könnten sich gegen solche Versuche, ihre Schuldgefühle zu entkräften, wehren und sich in ihrer Überzeugung noch mehr bestätigt fühlen.

Fehlende Sensibilität: Aussagen wie *Ist doch alles halb so wild* oder *Das ist doch schon so lang her* können als unsensibel oder unangemessen empfunden werden, besonders wenn die betroffene Person das Gefühl hat, dass die Situation oder die zugrunde liegenden Emotionen nicht vollständig verstanden oder anerkannt werden. Traumatisierte Menschen benötigen oft eine einfühlsame und aufmerksame Unterstützung, die ihre individuellen Erfahrungen und Gefühle berücksichtigt.

Überspringen wichtiger Schritte im Heilungsprozess: Die Auseinandersetzung mit Schuldgefühlen ist oft ein wichtiger Bestandteil des Heilungsprozesses für traumatisierte Menschen. Indem man diese Gefühle einfach abtut, könnte man unbeabsichtigt den Heilungsprozess untergraben und die betroffene Person daran hindern, ihre eigenen Erkenntnisse und ihren Weg zur emotionalen Genesung zu finden.

Daher ist es wichtig, einen empathischen und unterstützenden Ansatz zu wählen, wenn man mit traumatisierten Menschen interagiert: Anstatt ihnen direkt zu sagen, dass es nicht ihre Schuld ist, sollte man zuhören und Verständnis zeigen: Hören Sie aufmerksam zu, ohne voreilige Schlüsse zu ziehen oder Ratschläge zu erteilen. Achten Sie auch darauf, dass Sie ihre Gefühle und Erfahrungen anerkennen und validieren. Stellen Sie außerdem offene Fragen, die der betroffenen Person helfen, ihre Gedanken und Gefühle auszudrücken, und ermöglichen Sie ihr, ihre eigene Perspektive auf die Situation zu entwickeln. Empfehlen Sie ggf. fachliche Hilfe, wie z. B. eine Therapie oder psychologische Beratung, um die traumatischen Erfahrungen und die damit verbundenen Emotionen, einschließlich Schuldgefühlen, besser zu bewältigen. Indem man auf diese Weise auf die Bedürfnisse traumatisierter Menschen eingeht, kann man ihnen helfen, sich verstanden und unterstützt zu fühlen, während sie den Weg der Heilung beschreiten.

Fallbeispiel: Scham- und Schuldgefühle

Emma ist eine Siebenjährige in der zweiten Klasse. Sie ist oft still und zurückgezogen, hat nur wenige Freundinnen oder Freunde und scheint sich in der Schule unwohl zu fühlen. Die Lehrkraft bemerkt, dass Emma oft zögert, an Gruppenaktivitäten teilzunehmen, und Schwierigkeiten hat, sich auf Aufgaben zu konzentrieren. Darüber hinaus zieht sie sich häufig zurück und verbringt die Pausen allein. Bei einem Elterngespräch teilen Emmas Eltern der Lehrkraft mit, dass Emma in ihrer frühen Kindheit Zeuge von häuslicher Gewalt war. Dieses Wissen lässt die Lehrkraft Emmas Verhalten in einem neuen Licht sehen. Sie erkennt, dass Emmas Zurückhaltung und Schwierigkeiten in der Schule Symptome eines tieferliegenden Problems sein könnten, nämlich eines unbehandelten Traumas. Die Lehrkraft bemerkt auch, dass Emma oft Selbstgespräche führt, in denen sie sich selbst die Schuld für Dinge gibt, die schiefgehen, und sie hat sie mehrmals sagen hören: „Ich bin so dumm. Ich kann nichts richtig machen." Diese Selbstgespräche könnten auf Scham- und Schuldgefühle hinweisen, die mit ihrem traumatischen Erlebnis zusammenhängen. In diesem Fall zeigt sich die Komplexität der Verbindung zwischen Trauma und Schuld-/Schamempfindungen. Als Antwort darauf wird die Lehrkraft in Zusammenarbeit mit der Schulleitung und Schulpsychologinnen und Schulpsychologen einen Plan entwickeln, um Emma die Unterstützung zu bieten, die sie sowohl in der Schule als auch durch externe Ressourcen benötigt. In der Zusammenarbeit mit Emma ist es entscheidend, dass die Lehrkräfte einen multimodalen und multiprofessionellen Ansatz verfolgen, indem sie verschiedene Strategien und Fachleute einbeziehen, um ihr die bestmögliche Unterstützung zu bieten. Es ist wichtig – auch wenn es manchmal sehr schwer sein kann –, dass Lehrkräfte in diesem Prozess eine offene und positive Haltung einnehmen und sich bemühen, zuversichtlich und hoffnungsvoll zu bleiben, selbst in schwierigen Zeiten. Letztlich sollten sie stets daran denken, Emma nicht als anders oder besonders zu behandeln, sondern sie als Teil der Schulgemeinschaft zu sehen und zu respektieren. Es ist das Ziel der Lehrkräfte, Emma in einer Weise zu unterstützen, die ihr Selbstwertgefühl stärkt und ihr das Gefühl gibt, gehört, verstanden und geschätzt zu sein. Die Lehrkräfte vertrauen auf Emmas Stärken und Fähigkeiten und sind zuversichtlich, dass sie mit ihrer Unterstützung und Emmas eigener Widerstandsfähigkeit erfolgreich sein wird.

Für Grundschulkinder sind existenzielle Symptome besonders schwerwiegend, weil sie sich in einer kritischen Entwicklungsphase befinden. In dieser Phase bilden Kinder ihre Identität, Selbstwahrnehmung und sozialen Beziehungen aus. Scham- und Schuldgefühle können dazu führen, dass sie sich von ihren Altersgenossen isolieren und Schwierigkeiten haben, enge Beziehungen zu anderen aufzubauen. Zudem können existenzielle Symptome das Selbstwertgefühl und das Selbstvertrauen der Kinder beeinträchtigen. Dies kann wiederum ihre Fähigkeit, effektiv zu lernen und sich im Schulalltag zurechtzufinden, negativ beeinflussen. Kinder mit solchen Symptomen könnten sich auch weniger trauen, um Hilfe zu bitten oder ihre Sorgen mit Lehrkräften und/oder Eltern zu teilen, was die Unterstützung, die sie erhalten, einschränken kann. Wenn Scham- und Schuldgefühle nicht angemessen angesprochen und verarbeitet werden, können sie das Risiko für Angststörungen, Depressionen oder andere psychische Probleme in der Zukunft erhöhen.

Exkurs: Trauma vs. Bindungsverhalten

Es ist wichtig zu betonen, dass unsichere Bindungsmuster nicht zwangsläufig mit Traumatisierung gleichzusetzen sind. Während Trauma und unsichere Bindung oft Hand in Hand gehen, sind sie nicht dasselbe. Nicht alle Kinder mit unsicheren Bindungen haben ein Trauma erlebt und nicht alle traumatisierten Kinder entwickeln unsichere Bindungen. *Unsichere Bindung* ist ein Verhaltensmuster, das sich aus den Interaktionen mit den primären Bezugspersonen im frühen Kindesalter entwickelt. Es zeigt sich, wenn Kinder in ihrer Bindungsperson keine zuverlässige Quelle der Sicherheit und des Trosts finden. Dies kann auf eine Vielzahl von Faktoren zurückzuführen sein, darunter konsistente emotionale Unverfügbarkeit, Missverständnisse in der Kommunikation oder inkonsequente Reaktionen auf die Bedürfnisse des Kindes. Trauma hingegen bezieht sich auf eine tiefgreifende seelische Verletzung, die durch extrem stressige oder bedrohliche Erfahrungen verursacht wird. Während unsichere Bindung zu einer verstärkten Anfälligkeit für Traumatisierungen führen kann, ist nicht jedes Kind mit unsicherer Bindung zwangsläufig traumatisiert.

Es ist wichtig, den Unterschied zwischen unsicherer Bindung und Trauma zu benennen, um zu verdeutlichen, dass das eine nicht zwangsläufig das andere bedingt. Obwohl die ersten Lebensjahre entscheidend sind für die Entwicklung der Bindung, sind Veränderung und Heilung zu jedem Zeitpunkt im Leben möglich. Dies unterstreicht die Rolle von Lehrkräften und anderen wichtigen Erwachsenen im Leben der Kinder als potenzielle *sichere Basen*, die positive Veränderungen unterstützen können.

Bindung und Selbstregulation stellen bei traumatisierten Kindern jedoch oft eine Herausforderung dar und können zu einem pädagogischen Dilemma führen. Diese Kinder haben häufig Schwierigkeiten, Beziehungen einzugehen, auch wenn sie dringend Unterstützung bei der Selbstregulation benötigen. Das Dilemma entsteht, weil diese Kinder eine Beziehung benötigen, um Selbstregulation erlernen zu können. Doch aufgrund ihrer traumatischen Erfahrungen fällt es ihnen schwer, *normale* Beziehungen einzugehen. Sie können Misstrauen und Unsicherheit gegenüber anderen empfinden und sich davor scheuen, Bindungen einzugehen. Dies stellt Pädagoginnen und Pädagogen vor die Aufgabe, Wege zu finden, diese Kinder dabei zu unterstützen, ihre Fähigkeit zur Selbstregulation zu entwickeln, und gleichzeitig die notwendige Beziehung zu ihnen aufzubauen. Dies kann durch konsequente, vorhersehbare und einfühlsame Interaktionen erreicht werden, die den Kindern helfen, ein Gefühl von Sicherheit und Vertrauen zu entwickeln. Durch eine solche Beziehung können sie dann lernen, ihre Emotionen besser zu regulieren und stabile Beziehungen aufzubauen. Eine mögliche Lösung für dieses Dilemma könnte die Schaffung eines *sicheren Ortes* sein, an dem zuverlässige Beziehungsangebote gemacht und korrigierende Beziehungserfahrungen ermöglicht werden. Ein sicherer Ort bedeutet in diesem Kontext eine Umgebung, die körperliche und emotionale Sicherheit bietet. Diese Umgebung sollte transparent und vorhersehbar sein, um dem Kind ein Gefühl der Kontrolle zu geben. Es ist von entscheidender Bedeutung, dass die dort arbeitenden Pädagoginnen und Padägogen konsequent, einfühlsam und verlässlich sind. Verlässliche Beziehungsangebote sind Interaktionen, die dem Kind zeigen, dass es wertvoll ist und dass seine Bedürfnisse beachtet und respektiert werden.

Diese Angebote können dazu beitragen, das Vertrauen des Kindes in andere Menschen zu stärken und ihm zu helfen, Bindungen einzugehen. Korrigierende Beziehungserfahrungen sind positive Interaktionen, die im Gegensatz zu den traumatischen Erfahrungen des Kindes stehen. Sie ermöglichen es dem Kind, neue und gesündere Muster von Beziehungen zu erfahren und zu erlernen. Beispiele könnten das Eingehen auf die Bedürfnisse des Kindes, das Zeigen von Respekt und Wertschätzung und das Anbieten von Unterstützung und Ermutigung sein.

In der Grundschule ist eine sichere Bindung besonders wichtig für die Entwicklung der Kinder. Wenn Kinder sich sicher an ihre Bezugspersonen gebunden fühlen, können sie sich auf ihre Aufgaben und den Unterricht konzentrieren. Sie haben mehr Vertrauen in ihre Fähigkeiten und fühlen sich eher dazu motiviert, neue Dinge zu lernen. Sichere Bindungen ermöglichen es Kindern auch, sich in ihrer Umgebung sicher und wohlzufühlen, was sich positiv auf ihr Selbstbewusstsein auswirkt. Lehrkräfte und andere pädagogische Fachkräfte in der Grundschule können eine wichtige Rolle bei der Unterstützung von Kindern mit unsicheren oder ambivalenten Bindungsmustern spielen. Lehrkräfte können auch dabei helfen, die sozialen Fähigkeiten der Kinder zu fördern und sie bei der Entwicklung eines positiven Selbstbildes zu unterstützen.

Traumaverarbeitung im Gehirn

Traumatische Erfahrungen können tiefgreifende Auswirkungen auf das emotionale und psychische Wohlbefinden eines Menschen haben. Sie können zu langfristigen Veränderungen in der Funktionsweise des Gehirns führen. Hierzu ein kurzer Abriss über neurobiologische Prozesse:

Das limbische System

Amygdala: Die emotionale Alarmzentrale

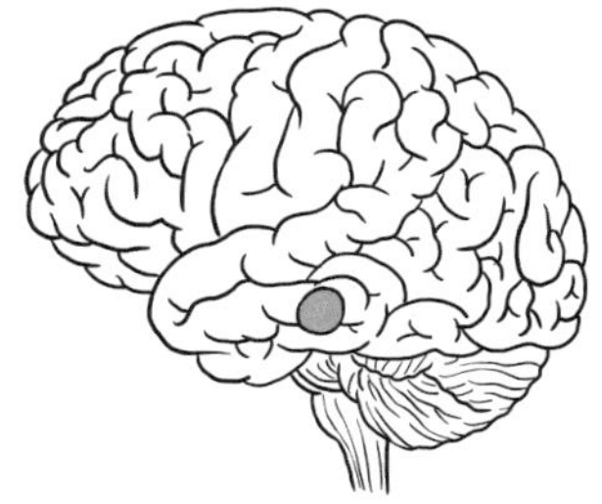

Die beiden Amygdalae sind mandelförmige Strukturen tief im Gehirn, die essenziell für die Emotionsverarbeitung, insbesondere von Angst und Furcht, sind. Sie agieren als Alarmzentralen, welche den Körper bei drohenden Gefahren in Alarmbereitschaft versetzen und Stressreaktionen auslösen.

Bei traumatischen Situationen sind sie besonders aktiv und können zu intensiven emotionalen Reaktionen führen. Eine Überaktivität dieser Strukturen bei Traumata kann zu extremen Gefühlsausbrüchen, wie Angstzuständen und Panik, beitragen.

Hippocampus: Der Speichermeister

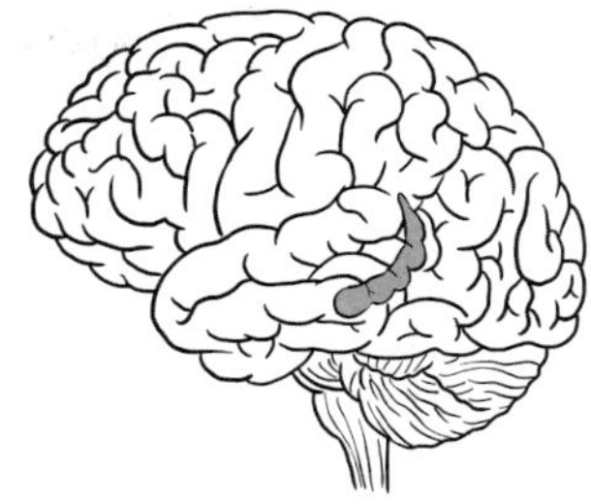

Der Hippocampus spielt eine entscheidende Rolle bei der Bildung und Konsolidierung von Erinnerungen. Bei der Verarbeitung eines Traumas kann der Hippocampus beeinträchtigt werden, was zu Fragmentierung und Schwierigkeiten bei der Erinnerung an Details des traumatischen Ereignisses führen kann.

Untersuchungen deuten darauf hin, dass wiederholtes Trauma zu einer Verkleinerung des Hippocampus führen kann, was mit einer erhöhten Anfälligkeit für stressbedingte psychische Probleme zusammenhängt. Im schulischen Kontext ist diese Beeinträchtigung besonders nachteilig, da sie die Fähigkeit eines Kindes, sich Informationen zu merken und Sequenzen einzuhalten, wie beispielsweise beim Binden von Schuhen, negativ beeinflussen kann.

Gyrus cingularis: Die emotionale Schaltzentrale

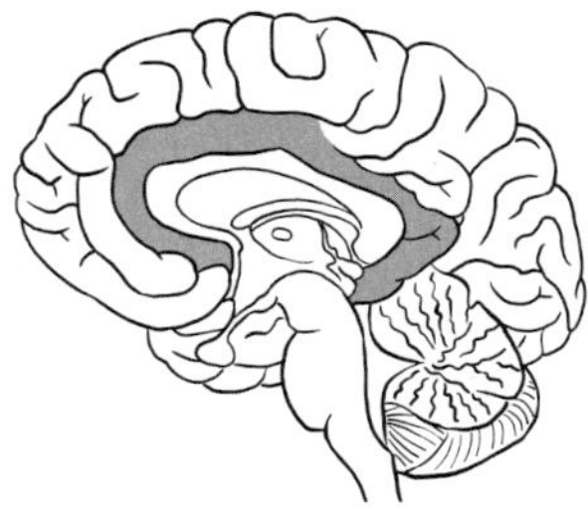

Der Gyrus cingularis, auch als Cingulum bezeichnet, ist Teil des limbischen Systems und an der Verarbeitung von Emotionen beteiligt. Er spielt eine Rolle bei der emotionalen Bewertung von Situationen und der Regulation von Stressreaktionen.

Dies hilft zu verstehen, warum Menschen, die ein Trauma erlebt haben, heftige emotionale Reaktionen zeigen können, wie etwa plötzliche Wutausbrüche. In solchen Momenten können Traumatisierte Schwierigkeiten haben, ihre Emotionen effektiv zu regulieren, ähnlich wie Kleinkinder, die noch nicht über vollständig entwickelte emotionale Regulationsfähigkeiten verfügen.

Insula: Das Zentrum der Körperwahrnehmung

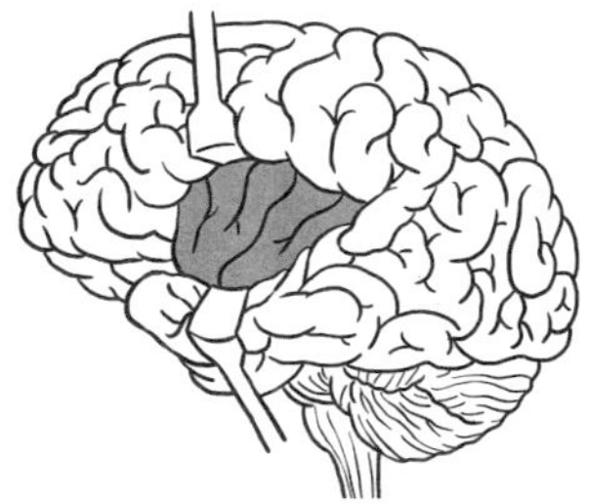

Die Insula ist an der Verarbeitung von körperlichen Empfindungen und Emotionen beteiligt und spielt eine wichtige Rolle bei der Wahrnehmung von Schmerz und Unbehagen während eines Traumas und nach einem Trauma. Sie hilft uns, die körperlichen Reaktionen auf ein traumatisches Ereignis zu interpretieren und zu verarbeiten, kann aber durch ein Trauma beeinträchtigt werden. Dies kann zu einer übermäßigen Wahrnehmung von körperlichen Empfindungen wie Schmerzen und Unwohlsein führen.

Dies erklärt, warum Kinder, die ein Trauma erlebt haben, manchmal eine eingeschränkte Körperwahrnehmung aufweisen, was sich in scheinbarer Ungeschicklichkeit äußert. Ihre interozeptive (die innere Körperwahrnehmung betreffend) und propriozeptive (die Wahrnehmung der eigenen Körperposition im Raum betreffend) Fähigkeiten können beeinträchtigt sein, was zu einem generellen Unbehagen in ihrem Körper führen kann.

Präfrontaler Cortex: Der rationale Regulator

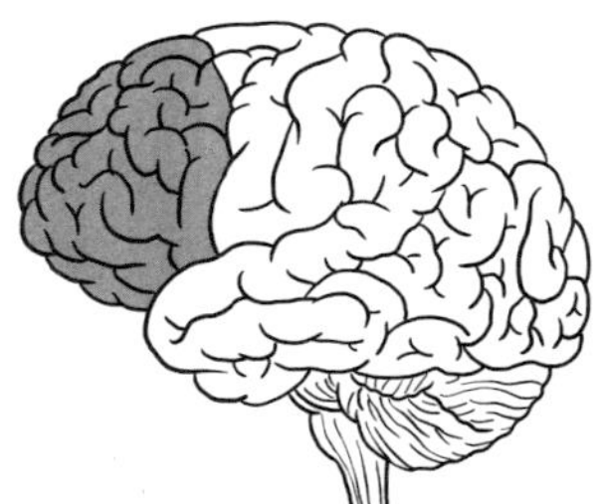

Der präfrontale Cortex ist für höhere kognitive Funktionen verantwortlich und spielt eine entscheidende Rolle bei der emotionalen Regulation und der Bewältigung von Stress. Nach einem Trauma kann die Funktion des präfrontalen Cortex beeinträchtigt sein, was zu Schwierigkeiten bei der emotionalen Kontrolle und der Verarbeitung des traumatischen Ereignisses führen kann.

Traumatisierte Grundschulkinder, bei denen der präfrontale Cortex beeinträchtigt ist, können Konzentrationsschwierigkeiten und Probleme bei der Entscheidungsfindung und Planung erleben, was ihre schulische Leistung beeinträchtigen kann. Veränderungen im Sozialverhalten, Herausforderungen bei der Konfliktbewältigung und eine veränderte Impulskontrolle können weitere Folgen sein, die soziale Beziehungen belasten und die Einhaltung von Schulregeln erschweren können.

Für Grundschullehrkräfte ist dieses Wissen über die Entwicklung des Gehirns und die Funktionen von Bedeutung. Es ermöglicht ihnen, das Verhalten und die Reaktionen der betroffenen Schülerinnen und Schüler besser zu verstehen und angemessene pädagogische Ansätze zu wählen. Indem sie das Wissen darüber nutzen, wie das Gehirn unter Stress reagiert, können Lehrkräfte unterstützende und stressreduzierende Umgebungen schaffen, die das Lernen und die emotionale Regulation der Schulkinder fördern. Sie können auch Ansätze entwickeln, um bewusstes Lernen und Gedächtnisbildung zu fördern, beispielsweise durch wiederholtes Üben, Visualisierungstechniken oder das Schaffen von positiven und sicheren Lernerfahrungen.

Traumatische Erfahrungen bringen häufig Dysregulation mit sich. Dysregulation bedeutet, dass das autonome Nervensystem aus dem Gleichgewicht geraten ist. In solchen Momenten ist die Fähigkeit zur rationalen Verarbeitung von Informationen eingeschränkt und verbale Sanktionen oder rationale Diskussionen sind oft nicht wirksam oder erreichbar. Anstelle dessen kann es hilfreich sein, Ansätze zu nutzen, die auf körperlicher und emotionaler Ebene wirken. In einem Grundschulkontext können durch Aktivitäten wie Spiel und Bewegung, soziale Interaktion, gemeinsames Lachen, Singen und Tanzen, die positiv auf unser autonomes Nervensystem wirken, Kinder mit Dysregulation zu einem Zustand der emotionalen Ausgeglichenheit zurückgeführt werden. Dies liegt daran, dass solche Aktivitäten den Parasympathikus, den *Beruhigungsteil* unseres autonomen Nervensystems, stimulieren und so zur Beruhigung und Entspannung beitragen können. Sie helfen, Stress abzubauen, und fördern ein Gefühl von Sicherheit und Wohlbefinden. Durch Aktivitäten wie gemeinsames Lachen, Singen oder Tanzen wird das autonome Nervensystem auf eine spielerische und kreative Weise angesprochen. Diese Aktivitäten fördern die Freisetzung von Endorphinen und anderen neurochemischen Substanzen, die positive Emotionen und Wohlbefinden unterstützen. Sie tragen dazu bei, die Stressreaktion zu reduzieren, die Regulation des Nervensystems zu fördern und eine Verbundenheit mit anderen Menschen herzustellen. Durch Bewegung und Kreativität können sich traumatisierte Kinder und Jugendliche aus ihrer erstarrten und abgespaltenen Innenwelt lösen und wieder Zugang zu ihren eigenen körperlichen Empfindungen und Bedürfnissen finden. Das hilft dabei, die Körperwahrnehmung und -regulation zu verbessern und eine bessere Selbstwahrnehmung und Selbstkontrolle zu entwickeln. Das kann beispielsweise durch körperliche Aktivität wie Tanzen oder durch Entspannungsübungen wie Yoga geschehen. Ein weiteres Beispiel ist die Beschäftigung mit Kunst oder Musik. Hier geht es darum, dass Kinder ihre Emotionen und Erlebnisse kreativ ausdrücken können, ohne dabei über das Erlebte sprechen zu müssen. Auch Spiele können dazu genutzt werden, die Selbstregulation des Kindes zu fördern und ihm zu helfen, seine Emotionen zu regulieren.

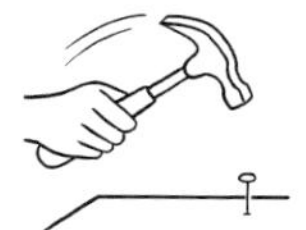

Traumapädagogik

Traumapädagogik in der Grundschule bedeutet, eine bewusste Haltung an den Tag zu legen: Lehrkräfte und pädagogisch arbeitende Menschen an der Schule sind sich darüber bewusst, dass viele Kinder traumatische Erfahrungen gemacht haben und dass diese Erfahrungen Auswirkungen auf ihr Verhalten und ihre Lernfähigkeit haben können. Die Traumapädagogik bietet Ansätze, um Kinder mit Traumata zu unterstützen und ihnen ein sicheres und förderliches Lernumfeld zu bieten. Dies beinhaltet sowohl präventive Maßnahmen, um traumatische Erfahrungen zu vermeiden, als auch therapeutische Ansätze, um Kindern bei der Verarbeitung ihrer Traumata zu helfen.

Damit Sie in der Lage sind, die Symptome von Traumata zu erkennen und die notwendige Unterstützung bereitzustellen, um Kindern dabei zu helfen, ihre Traumata zu verarbeiten und erfolgreich zu lernen, finden Sie im Folgenden eine Checkliste:

Checkliste zur Erkennung von Traumasymptomen bei Kindern

Verhaltensveränderungen:
- Rückzug oder Isolation
- erhöhte Reizbarkeit oder Wutausbrüche
- Ängstlichkeit, Nervosität oder ständige Besorgnis
- aggressives oder oppositionelles Verhalten
- Hyperaktivität oder übermäßige Unruhe
- Regression zu früheren Entwicklungsstadien (z. B. Einnässen)
- Verlust des Interesses an Aktivitäten, die früher Freude bereiteten

Emotionale Symptome:
- überwältigende Ängste oder Panikattacken
- Traurigkeit oder Depression
- Reizbarkeit oder Stimmungsschwankungen
- Gefühl der Leere oder Numbheit
- geringes Selbstwertgefühl oder negative Selbstwahrnehmung
- Angst vor Vertrauen oder Bindung zu anderen Menschen

Körperliche Symptome:
- Schlafstörungen (Ein- oder Durchschlafprobleme, Albträume)
- Kopfschmerzen oder Magenbeschwerden ohne erkennbare medizinische Ursache
- Müdigkeit oder Energielosigkeit
- Appetitveränderungen (Überessen oder Appetitlosigkeit)

Kognitive Symptome:
- Schwierigkeiten, sich zu konzentrieren oder aufmerksam zu sein
- Gedächtnisprobleme oder Vergesslichkeit
- negative Gedanken oder Selbstbeschuldigungen
- Schwierigkeiten bei der Problemlösung oder Entscheidungsfindung
- eingeschränkte Kreativität oder Vorstellungskraft

Soziale Symptome:
- Schwierigkeiten, Beziehungen aufzubauen oder aufrechtzuerhalten
- Misstrauen gegenüber anderen Menschen
- Rückzug von sozialen Aktivitäten oder Freundschaften
- Probleme mit Empathie oder zwischenmenschlicher Kommunikation
- Anhaftungsschwierigkeiten oder unsicherer Bindungsstil

Es ist wichtig zu beachten, dass das Vorhandensein einiger dieser Symptome nicht automatisch auf ein Trauma hinweist. Eine professionelle Diagnosestellung durch erfahrene Fachkräfte ist erforderlich. Wenn Sie bei einem Kind mehrere dieser Symptome über einen längeren Zeitraum hinweg beobachten, ist es ratsam, geeignete Unterstützung zu suchen, um dem Kind bei der Verarbeitung seiner Traumata zu helfen und einen erfolgreichen Lernprozess zu ermöglichen.

In diesem Kapitel ging es um Traumatisierungen im Allgemeinen und bei Kindern sowie um deren Auswirkungen auf das Verhalten und Lernen in der Grundschule. Traumatisierte Kinder zeigen oft Symptome wie Übererregung, Vermeidungsverhalten, emotionale Instabilität, geringe Frustrationstoleranz und eine verringerte Kapazität für Freude. Außerdem können sie unter Gefühlen von Scham und Schuld leiden, sich beschmutzt und stigmatisiert fühlen und das Gefühl haben, keine menschliche Identität zu besitzen. Es gibt verschiedene Bindungsmuster, die Kinder in der frühen Kindheit entwickeln können, einschließlich *sicher*, *unsicher* und *ambivalent gebundener* Kinder, die sich auf das Verhalten und die Fähigkeit zum Aufbau von Beziehungen auswirken können. Traumapädagogik befasst sich damit, traumatisierten Kindern Unterstützung zu bieten, um ihre Emotionen zu regulieren und ihre sozialen und schulischen Fähigkeiten zu verbessern. Die moderne Traumatherapie geht davon aus, dass Trauma auch ein körperliches Thema ist und weniger ein Problem des Redens und Analysierens. Es geht also eher um das praktische Tun und Erleben als um das Sprechen darüber.

Lehrkräfte sollten eine sichere, vorhersagbare und strukturierte Lernumgebung für traumatisierte Kinder schaffen und auch für ihre eigene Resilienz und Unterstützung sorgen. Die Angst vor dem Thema oder Zeitmangel sollten kein Hindernis für Lehrkräfte sein, sich mit Traumata bei Kindern auseinanderzusetzen. Es gibt Ressourcen und Unterstützung für Lehrkräfte, um ihre Arbeit mit traumatisierten Kindern zu verbessern.

Auswahl an Ressourcen

Bundeshilfetelefon für Frauen:
- Richtung/Angebot: Telefonische und Onlineberatung
- Kontakt: Tel.: 116 016 oder 08000 116 016
- weitere Informationen: http://www.hilfetelefon.de
- Besonderheiten: mehrsprachiges Angebot, Gebärdensprache, Leichte Sprache, rund um die Uhr erreichbar

Hilfeportal sexueller Missbrauch:
- Richtung/Angebot: Beratung bei sexualisierter Gewalt in Kindheit und Jugend
- Kontakt: Tel.: 0800 22 55 530
- weitere Informationen: http://www.hilfeportal-missbrauch.de
- Besonderheiten: Berta-Telefon: Beratung und telefonische Anlaufstelle für Betroffene organisierter sexualisierter und ritueller Gewalt, Tel.: 0800 30 50 750

Hilfe-Info für Betroffene von Straftaten (Bundesministerium der Justiz und für Verbraucherschutz):
- Richtung/Angebot: Informationen zu opferrechtlichen Belangen nach einer Straftat, Entschädigungsleistungen sowie zum Ablauf des Strafverfahrens, Hinweise auf regionale Hilfs- und Beratungsmöglichkeiten
- weitere Informationen: http://www.hilfe-info.de

Telefonseelsorge (für alle Arten von Krisen und Problemen):
- Nummer: 0800 111 0 111 oder 0800 111 0 222
- weitere Informationen: http://www.telefonseelsorge.de
- Besonderheiten: 24/7 erreichbar, anonym und kostenfrei

Nummer gegen Kummer (für Kinder und Jugendliche):
- Nummer: 116 111
- weitere Informationen: http://www.nummergegenkummer.de
- Besonderheiten: Montag bis Samstag von 14 bis 20 Uhr erreichbar, anonym und kostenfrei

Elterntelefon (für Eltern mit Fragen oder Sorgen zu ihrem Kind):
- Nummer: 0800 111 0 550
- weitere Informationen: http://www.nummergegenkummer.de/elterntelefon
- Besonderheiten: Montag bis Freitag von 9 bis 11 Uhr und Dienstag und Donnerstag von 17 bis 19 Uhr erreichbar, anonym und kostenfrei

Kinderschutz-Hotline:
- Nummer: 030 610 061
- Besonderheiten: 24/7 erreichbar, anonym und kostenfrei

Weißer Ring e. V.:
- Richtung/Angebot: Beratung bei allen Straftaten
- Kontakt: Tel: 116006
- weitere Informationen: http://www.weisser-ring.de
- Besonderheiten: ehrenamtliche Organisation

Traumatisierte Kinder in der Schule

Kinder mit/in Schwierigkeiten

In einer Untersuchung von Landoldt wurden Daten von 6.787 Kindern aus der neunten Klasse in der Schweiz im Rahmen einer Schulumfrage erhoben. Ungefähr 56 % der befragten Jugendlichen – 56,6 % der Mädchen und 55,7 % der Jungen – berichteten von mindestens einem traumatischen Ereignis in ihrem Leben. Die Studie belegt, dass die Mehrheit der Kinder im Schulalter mindestens einem potenziell traumatischen Ereignis ausgesetzt war oder sein wird. Sei es, dass sie ein traumatisches Ereignis direkt erlebt haben, Zeuge eines Ereignisses waren oder von einem Ereignis gehört haben, das einen Bekannten betrifft.

Effektives Lernen findet vorwiegend in einem entspannten Zustand statt, weil nur dann unser Gehirn in der Lage ist, komplexe Informationen zu verarbeiten und neue neuronale Verbindungen, die für das Lernen und Gedächtnis notwendig sind, zu bilden. In einem Zustand von Stress oder Angst sind die Ressourcen des Gehirns vor allem darauf ausgerichtet, auf die wahrgenommene (vermeintliche) Bedrohung zu reagieren. Dies ist eine grundlegende Überlebensstrategie, die in gefährlichen Situationen nützlich ist, aber das Lernen und Denken erschwert. Stresshormone wie Cortisol verringern die Aktivität im präfrontalen Cortex, einem Bereich des Gehirns, der für komplexe kognitive Funktionen wie Lernen, Gedächtnis und Entscheidungsfindung verantwortlich ist. Dies kann die Aufmerksamkeitsspanne verringern und das Arbeitsgedächtnis beeinträchtigen, was das Lernen erschwert. Darüber hinaus können hohe Stresslevel die emotionale Regulation stören, was zu Schwierigkeiten bei der Aufrechterhaltung der Motivation und der Konzentration auf schulische Aufgaben führen kann. Eine sichere und entspannte Lernumgebung ist daher entscheidend, um Kindern, insbesondere denen mit Traumata, zu ermöglichen, ihr volles Lernpotenzial auszuschöpfen. Das kann u. a. zu folgenden Problemen führen:

- Aufmerksamkeitsdefizite und verstärkte Isolation
- Abwesenheiten in der Schule
- mehr Suspendierungen oder Schulverweise
- höhere Überweisungsraten an Förderschulen
- Anforderungen der Regelschule nicht gerecht werden

Wenn sich der Stresspegel eines Kindes erhöht, wird das sympathische Nervensystem aktiviert, was den Körper in einen Zustand der intensiven Wachsamkeit versetzt. Dies kann sich in Symptomen wie unruhigen Beinbewegungen bemerkbar machen. In diesem Zustand bevorzugt das Gehirn das Abwehren der wahrgenommenen Bedrohung und schiebt andere Aufgaben, wie Mathematik oder Deutsch, beiseite. Der Fokus liegt auf dem Überleben, wodurch sich Stressreaktionen in Form von Kampf- oder Fluchtreaktionen äußern. Wenn ein Kind jedoch weder kämpfen noch fliehen kann – zum Beispiel, wenn die Bedrohung zu überwältigend ist oder es immer noch in einer schwierigen häuslichen Umgebung lebt, dann kann der Stresspegel des Kindes weiter ansteigen. Sollte der Stresspegel immer weiter ansteigen, kann es zu folgender Reaktion kommen: In dieser Phase kommt der hintere Teil des Parasympathikus zum Einsatz, der eine starke Bremswirkung hat. Die Kinder erstarren, werden apathisch und wirken wie versteinert. Sie schauen aus dem Fenster, sind geistig abwesend und zeigen kein Interesse mehr. Ihre Gedanken können hoffnungslos und sogar suizidal sein. Kinder in diesem Zustand sind möglicherweise weniger auffällig als diejenigen im mittleren Bereich, die sehr unruhig wirken. Es ist jedoch wichtig zu beachten, dass sie diesen obersten Bereich erst erreichen, nachdem sie den mittleren Bereich durchlaufen haben. In der obersten Stufe erleben die Kinder eine *Dissoziation*, bei der sie sich emotional und mental von ihrer Umgebung abschotten. Sie verfolgen die Einstellung: *Ihr könnt meinen Körper haben, aber nicht meinen Geist.* Solche Kinder können im Sommer dicke Pullover und im Winter kurze Hosen tragen, ohne es wahrzunehmen. In diesem Zustand sind verbale Sanktionen kaum noch wirksam. Eine andere Möglichkeit ist das sogenannte Totstellen oder *people pleasing*. Dabei lächeln die Kinder zwanghaft, selbst wenn sie sich schlecht fühlen, um die unangenehme Situation schneller zu beenden. Diese Kinder haben gelernt, auf diese Weise mit Stress und schwierigen Situationen umzugehen. Manchmal reichen diese fatalen Verhaltensweisen bis ins Erwachsenenalter hinein.

Erscheinungsformen in der Grundschule können folgende Aspekte umfassen:

- Leistungseinbußen oder Schwierigkeiten, im Unterricht aufmerksam zu bleiben
- soziale Isolation oder Schwierigkeiten, Beziehungen zu Gleichaltrigen und Lehrkräften aufzubauen
- Ängstlichkeit oder Panikreaktionen, wenn sie an Situationen oder Orte erinnert werden, die mit dem Trauma in Verbindung stehen
- dissoziative Zustände oder Tagträumen, bei denen das Kind scheinbar in Gedanken versunken ist oder *abwesend* erscheint
- Verhaltensauffälligkeiten wie Aggression, Wutausbrüche oder Impulsivität
- körperliche Symptome wie Kopfschmerzen oder Bauchschmerzen ohne erkennbare medizinische Ursache

Um aufzuzeigen, dass sich Traumata in sehr unterschiedlichen Verhaltensweisen zeigen kann, folgen Fallbeispiele:

Fallbeispiel: Lisa , 8 Jahre, stört den Unterricht sehr oft.

Lisa, 8 Jahre alt, wird von ihren Lehrkräften als Störenfriedin im Unterricht wahrgenommen. Sie unterbricht den Unterricht häufig, redet mit ihren Mitschülerinnen und Mitschülern und kommt oft zu spät in die Schule. Lisa hat auch Schwierigkeiten, sich auf eine Aufgabe zu konzentrieren, und kann nicht lange stillsitzen. Die Lehrkräfte haben schon viele Gespräche mit ihren Eltern geführt, aber es hat sich nichts geändert. Als Lisa zu einem Gespräch mit einer Schulpsychologin geschickt wird, zeigt sich, dass Lisa zu Hause mit vielen Problemen konfrontiert ist. Ihre Eltern sind getrennt und haben oft Streit, Lisa muss sich um ihre kleine Schwester kümmern und ihre Mutter ist depressiv. Lisa fühlt sich oft allein und unverstanden und hat Schwierigkeiten, mit ihren Emotionen umzugehen. Die Schulpsychologin kann Lisa und ihren Eltern helfen, indem sie sie zu Beratungsgesprächen schickt und Unterstützung von außen organisiert, um Lisa und ihrer Familie zu helfen. Durch diese Unterstützung kann Lisa lernen, besser mit ihren Emotionen umzugehen und ihre Konzentration und Aufmerksamkeit zu verbessern. Die Lehrkräfte können Lisa dann besser verstehen und Unterstützung bieten, anstatt sie als schwieriges Kind abzustempeln.

Fallbeispiel: Lena, 9 Jahre, zeigt plötzlich eine starke Veränderung in ihrem Verhalten.

Lena, 9 Jahre alt, war immer ein sehr engagiertes und neugieriges Mädchen, doch seit den Osterferien ist sie plötzlich anders: Sie spielt immer wieder dasselbe Spiel. Sie zeigt eine verringerte Kapazität für Freude und scheint wenig Interesse an Aktivitäten zu haben, die sie früher genossen hat. Lena kann manchmal aufmüpfig sein und ihre Lehrkräfte bemerken, dass sie in bestimmten Situationen plötzlich wütend wird. Es gibt auch Momente, in denen Lena einzufrieren scheint, als ob sie nicht in der Lage sei, auf ihre Umgebung oder auf andere Menschen zu reagieren. Sie zeigt Vermeidungsverhalten, indem sie sich von bestimmten Situationen oder Aktivitäten fernhält, die sie sonst gerne mochte. Lena ist auch weniger neugierig und engagiert im Unterricht, als sie es früher einmal war. Die Lehrkräfte bemerken auch eine übertriebene Anhänglichkeit bei Lena, da sie sich ständig an bestimmte Personen klammert, möglicherweise auf der Suche nach Sicherheit und Geborgenheit. In

einigen Fällen regrediert Lena zu früheren Verhaltensweisen, zum Beispiel beim Sprechen in einer kindlicheren Stimme oder bei der Rückkehr zu kindlicheren Spielen, die für ihr Alter ungewöhnlich sind. Um Lena zu unterstützen, ergreifen die Lehrkräfte und Schulmitarbeitende verschiedene Maßnahmen. Sie bieten ihr einen sicheren und vorhersehbaren Raum, in dem sie sich wohlfühlen und Vertrauen aufbauen kann. Sie fördern die soziale Interaktion und Zusammenarbeit mit ihren Klassenkameradinnen und -kameraden, um ihre sozialen Fähigkeiten zu stärken und ihr Selbstvertrauen zu steigern. Darüber hinaus arbeiten die Lehrkräfte eng mit Lenas Eltern und gegebenenfalls mit einem Schulpsychologen oder einer Therapeutin zusammen.

Fallbeispiel: Momo, 6 Jahre, fühlt sich oft beschämt.

In einer Grundschulklasse gibt es ein Kind namens Momo. Momo ist 6 Jahre alt und fühlt sich oft schuldig und beschämt. Er hat den Eindruck, dass er sich von seinen Mitschülerinnen und Mitschülern unterscheidet, und hat das Gefühl, allein zu sein. Momo ist oft überzeugt, dass niemand ihn verstehen oder seine Gedanken und Emotionen nachvollziehen kann. Momos Lehrerin bemerkt, dass er Schwierigkeiten hat, sich auf den Unterricht zu konzentrieren und soziale Kontakte zu knüpfen. Sie bemerkt auch, dass Momo in bestimmten Situationen unerwartet wütend wird oder plötzlich einfriert.

Die Lehrerin trifft eine Reihe von Maßnahmen, um ihm zu helfen, sich sicherer und verstanden zu fühlen. Zum Beispiel stellt sie sicher, dass der Klassenraum strukturiert und vorhersehbar ist, um Momos Stress abzubauen. Sie führt Entspannungsübungen in der Klasse ein und achtet darauf, dass Momo sich nicht überfordert fühlt. Die Lehrerin fördert auch positive Interaktionen zwischen Momo und seinen Klassenkameradinnen und -kameraden und hilft ihm dabei, Vertrauen in sich selbst und in andere aufzubauen. Durch diese gezielten Maßnahmen kann Momo langsam beginnen, sein Trauma zu bewältigen und das Gefühl der Isolation und des Nichtverstanden-Werdens abzubauen. Er gewinnt nach und nach seine menschliche Identität zurück und fühlt sich weniger von den anderen getrennt. Die Lehrerin arbeitet auch eng mit Momos Eltern und gegebenenfalls mit einer Schulpsychologin oder einem Therapeuten zusammen, um sicherzustellen, dass er die bestmögliche Unterstützung erhält. Im Laufe der Zeit beginnt Momo, sich in der Schule wohler zu fühlen, und seine sozialen Fähigkeiten verbessern sich. Er nimmt wieder vermehrt am Unterricht teil und zeigt Interesse an neuen Themen. Durch die aufmerksame und einfühlsame Unterstützung der Lehrkraft und der Schulgemeinschaft kann Momo schrittweise seine Traumafolgen bewältigen und sich erfolgreich in den Schulalltag integrieren.

Kinder wie Lisa, Lena und Momo werden zunächst als schwerer integrierbare Kinder wahrgenommen. In meinen Fortbildungen weise ich deshalb immer darauf hin, dass es sich hierbei um *Kinder mit Schwierigkeiten* handelt und nicht um *schwierige Kinder*. Dieser Perspektivwechsel mag auf den ersten Blick nur trivial erscheinen, ist jedoch von großer Tragweite. Wenn Sie sagen: *Das ist ein schwieriges Kind*, dann gestehen Sie damit gleichzeitig auch, dass Sie keinen Handlungsspielraum mehr haben. Sie geben Verantwortung und Kontrolle ab, denn schließlich ist das Kind *so*. Wenn Sie jedoch sagen: *Das ist ein Kind mit Schwierigkeiten* oder *ein Kind in Schwierigkeiten*, dann können Sie das Verhalten des Kindes von dessen Persönlichkeit und Würde entkoppeln. Das kann Ihnen als Lehrkraft dann wiederum helfen, einen neuen und positiven Bezug zu dem Kind herzustellen.

Nun möchte ich einige weitere Beispiele geben:

Fallbeispiel: Lukas, 7 Jahre, ist häufig reizbar und aggressiv.

Lukas zeigt seit Beginn des Schuljahres auffälliges Verhalten. Er ist häufig reizbar und aggressiv gegenüber seinen Klassenkameradinnen und -kameraden und Lehrkräften. Er zieht sich oft zurück und wirkt ängstlich. In der

Klasse ist er oft unkonzentriert und hat Schwierigkeiten, den Unterrichtsstoff zu verstehen. Er hat auch Schwierigkeiten, soziale Beziehungen aufzubauen und zeigt wenig Interesse an spielerischen Aktivitäten. Nach Gesprächen mit Lukas' Eltern erfährt die Lehrkraft, dass er Zeuge häuslicher Gewalt wurde, bevor er in die Schule kam. Diese Erfahrung könnte die Ursache für seine Verhaltensprobleme und emotionale Belastung sein.

Fallbeispiel: Sarah, 9 Jahre, ist ängstlich und nervös.

Sarah ist neun Jahre alt und ein ruhiges, zurückhaltendes Mädchen in der Klasse. Sie wirkt oft ängstlich und nervös. Sie hat Schwierigkeiten, sich auf den Unterricht zu konzentrieren und zeigt schlechte schulische Leistungen. Ihre Lehrkräfte bemerken auch, dass sie oft in sich gekehrt und isoliert ist. Bei näherer Betrachtung stellt sich heraus, dass Sarah in ihrer frühen Kindheit sexuellen Missbrauch erlebt hat. Diese traumatische Erfahrung hat zu emotionalen und kognitiven Herausforderungen geführt, die sich in ihrem Verhalten in der Schule zeigen.

Fallbeispiel: Mia, 8 Jahre, hat Wutausbrüche und ist schnell frustriert.

Mia ist ein achtjähriges, aufgewecktes und freundliches Mädchen, das gerne mit ihren Mitschülerinnen und Mitschülern interagiert. Allerdings hat sie Schwierigkeiten, ihre Emotionen zu regulieren. Sie zeigt häufig Wutausbrüche und reagiert manchmal überempfindlich auf kleinere Frustrationen. Mia berichtet auch von häufigen Albträumen und Schlafstörungen. Nach einem Gespräch mit ihren Eltern erfährt die Lehrkraft, dass Mia vor zwei Jahren Zeugin eines schweren Verkehrsunfalls war, bei dem ein Familienmitglied verletzt wurde. Diese traumatische Erfahrung hat ihre emotionale Regulation beeinflusst und zu Schlafproblemen geführt.

Fallbeispiel: Ahmed, 10 Jahre, ist ängstlich und findet schlecht Anschluss.

Ahmed ist zehn Jahre alt und vor einem Jahr mit seiner Familie aus einem Kriegsgebiet in ein neues Land migriert. Obwohl er bereits gute Sprachkenntnisse erworben hat, hat er Schwierigkeiten, sich in der Schule anzupassen. Er ist oft ängstlich und zurückhaltend und hat Schwierigkeiten, neue Freundschaften zu knüpfen. Ahmed leidet auch unter Schlafstörungen und Albträumen, die mit den traumatischen Ereignissen in seinem Heimatland zusammenhängen. Die kulturelle und soziale Anpassung an ein neues Umfeld sowie die Bewältigung von Fluchterlebnissen beeinflussen seine schulische Leistung und sein Wohlbefinden.

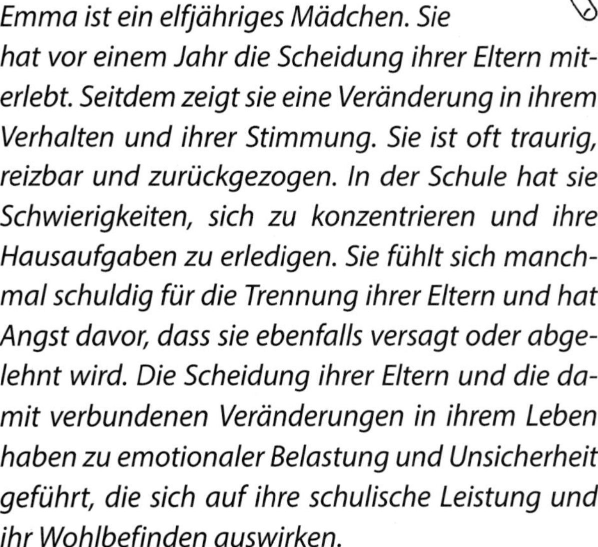

Fallbeispiel: Emma, 11 Jahre, ist oft traurig, reizbar und zurückgezogen.

Emma ist ein elfjähriges Mädchen. Sie hat vor einem Jahr die Scheidung ihrer Eltern miterlebt. Seitdem zeigt sie eine Veränderung in ihrem Verhalten und ihrer Stimmung. Sie ist oft traurig, reizbar und zurückgezogen. In der Schule hat sie Schwierigkeiten, sich zu konzentrieren und ihre Hausaufgaben zu erledigen. Sie fühlt sich manchmal schuldig für die Trennung ihrer Eltern und hat Angst davor, dass sie ebenfalls versagt oder abgelehnt wird. Die Scheidung ihrer Eltern und die damit verbundenen Veränderungen in ihrem Leben haben zu emotionaler Belastung und Unsicherheit geführt, die sich auf ihre schulische Leistung und ihr Wohlbefinden auswirken.

Diese Fallbeispiele verdeutlichen, dass traumatisierte Kinder in der Grundschule unterschiedliche Symptome und Herausforderungen aufweisen können. Von aggressivem Verhalten und Konzentrationsschwierigkeiten über Ängstlichkeit und sozialer Isolation bis hin zu Emotionsregulationsproblemen und Schlafstörungen können die Auswirkungen des Traumas vielfältig sein.

Die Bezeichnung *ein schwieriges Kind* ist häufig auch eine Form von *victim blaming*. Schließlich ist das gezeigte Verhalten des Kindes nur eine normale Reaktion auf eine unnormale Situation. Es ist sozusagen der Symptomträger für ein traumatisiertes Umfeld oder für eine traumatische Erfahrung. Ihm jetzt dafür auch noch die Schuld zu geben, zahlt doppelt auf das Konto *Ich bin nichts wert* ein.

Die Gefahr einer Retraumatisierung

In einem herausfordernden und belastenden Umfeld können Lehrkräfte dazu neigen, in ihrem Handeln fester und reaktiver zu werden. Beispielsweise können Erwachsene schnell dazu tendieren, Schulkindern mit negativen Konsequenzen zu drohen. Sie können zu strafenden Disziplinierungsstrategien greifen, um das Gefühl der Kontrolle wiederzuerlangen. Häufig fühlen sich Mitarbeitende machtlos, eigene Traumata oder solche im Leben ihrer Schulkinder anzusprechen. Sie spielen die Auswirkungen auf Betroffene herunter oder übersehen diese. Dadurch leugnen sie diese Traumata unbeabsichtigt oder bringen betroffene Kinder zum Schweigen. Unter diesen Umständen laufen Schulen Gefahr, Kinder zu retraumatisieren, indem sie Umgebungen und Situationen schaffen, die ein erlebtes Trauma widerspiegeln oder wiederholen. Dies führt dazu, dass die Betroffenen erneut einem ähnlich hohen Maß an Stress ausgesetzt sind. Zu den Praktiken, die eine Retraumatisierung begünstigen können, gehören:

- Anwendung von harten oder beschämenden Disziplinarmaßnahmen
- Bloßstellen oder Vorführen an der Tafel
- Vorhandensein von chaotischen, unorganisierten, unvorhersehbaren oder unsicheren Umgebungen
- respektlose Behandlung von Schulkindern oder Eltern und Herabsetzung ihrer Erfahrungen, Meinungen oder Emotionen
- harsche Zurückweisungen
- Trennungen aus dem Klassenverbund

Es ist wichtig, diese retraumatisierenden Praktiken zu erkennen und zu vermeiden, um ein sichereres und unterstützendes Umfeld für traumatisierte Kinder in der Schule zu schaffen. Stattdessen sollten Schulen darauf abzielen, einfühlsame und respektvolle Praktiken einzuführen, die das Wohlbefinden und die Heilung der Kinder fördern. Lehrkräfte haben die Möglichkeit, in einer positiven und unterstützenden Weise zu handeln, selbst in solchen Situationen.

Sie können aktiv daran arbeiten, ihre Flexibilität zu bewahren und proaktive Maßnahmen zu ergreifen, um eine positive Lernumgebung aufrechtzuerhalten. Anstatt auf Strafen und negative Konsequenzen zurückzugreifen, können sie alternative Ansätze wählen, die auf Verständnis, Zusammenarbeit und einem respektvollen Umgang basieren. Durch einfühlsame Interaktionen können sie eine Atmosphäre schaffen, die das Wohlbefinden der Schulkinder fördert und zu einer produktiven Gemeinschaft beiträgt.

Was, wenn das Schulkind (plötzlich) über ein traumatisches Erlebnis sprechen will?

Die Frage, ob man mit Grundschulkindern über ihr Trauma sprechen sollte, ist komplex und hängt von verschiedenen Faktoren ab. In einigen Fällen kann es hilfreich sein, mit Grundschulkindern über ihr Trauma zu sprechen, um ihnen die Möglichkeit zu geben, ihre Gefühle und Erfahrungen zu verarbeiten. Offene Gespräche können ihnen dabei helfen, Verständnis für ihre eigenen Emotionen zu entwickeln, und sie ermutigen, über ihre Ängste und Sorgen zu sprechen. Es ist jedoch entscheidend, dass solche Gespräche in einem geschützten und unterstützenden Umfeld stattfinden, in dem das Kind sich sicher fühlt. Es ist auch wichtig, dass Lehrkräfte und betreuende Personen die Zustimmung und das Einverständnis der Eltern oder Erziehungsberechtigten einholen, bevor sie mit einem Kind über sein Trauma sprechen. Eltern können wichtige Informationen und Einblicke in die Geschichte und die Bedürfnisse des Kindes liefern, die bei der Unterstützung eine entscheidende Rolle spielen. Letztendlich sollte der Fokus immer darauf liegen, die Sicherheit und das Wohlbefinden des Kindes zu gewährleisten. Wenn Gespräche über das Trauma als hilfreich erachtet werden, sollten sie behutsam und altersgerecht geführt werden, um das Kind nicht zu überfordern. Jedes Kind ist einzigartig und es ist wichtig, individuell auf seine Bedürfnisse einzugehen und geeignete professionelle Unterstützung anzubieten.

Wenn ein Kind in der Klasse plötzlich über sein Trauma sprechen möchte, ist es wichtig, angemessen zu reagieren. Hier sind einige Schritte, die Sie unternehmen können:

1. Ruhe bewahren: Zeigen Sie keine Panik oder Überraschung, um dem Kind Sicherheit zu vermitteln. Bleiben Sie ruhig und nehmen Sie das Anliegen ernst.

2. Unterstützung anbieten: Bieten Sie dem Kind einen geschützten Raum, in dem es sich frei äußern kann. Geben Sie ihm das Gefühl, dass es gehört und verstanden wird.

3. Privatsphäre gewährleisten: Wenn möglich, nehmen Sie das Kind beiseite, um die Privatsphäre zu wahren und andere Schülerinnen und Schüler nicht in unangenehme Situationen zu bringen.

4. Zuhören und Validierung: Hören Sie aufmerksam zu und zeigen Sie Verständnis für die Gefühle und Erfahrungen des Kindes. Validieren Sie seine Emotionen, um ihm das Gefühl zu geben, dass es in Ordnung ist, über seine Traumata zu sprechen.

5. Grenzen setzen: Stellen Sie klar, dass das Teilen von persönlichen Informationen in der Klasse begrenzt ist und dass es andere Wege gibt, um Unterstützung zu erhalten. Ermutigen Sie das Kind, sich an einen vertrauenswürdigen Erwachsenen / eine vertrauenswürdige Erwachsene oder Fachleute zu wenden, um weitere Gespräche zu führen.

6. Fachliche Unterstützung hinzuziehen: Informieren Sie die Schulleitung, die Schulpsychologin, den Schulpsychologen oder andere Fachkräfte über die Situation, damit angemessene Unterstützung bereitgestellt werden kann.

Es ist wichtig zu beachten, dass das Sprechen über Traumata in einer Klassensituation sensibel gehandhabt werden muss, um das Wohlbefinden des betroffenen Kindes und das anderer Schulkinder zu gewährleisten. Eine professionelle Begleitung und Unterstützung sind notwendig, um sicherzustellen, dass das Kind angemessen unterstützt wird, und um eventuelle Auswirkungen auf den Unterricht und die Klassengemeinschaft zu berücksichtigen.

Die doppelte Sprachlosigkeit

Der Begriff *doppelte Sprachlosigkeit* im Zusammenhang mit Trauma und Grundschule bezieht sich auf eine Situation, in der sowohl das traumatisierte Kind als auch die betreuende Lehrkraft Schwierigkeiten haben, angemessen über das Trauma zu kommunizieren. Auf der einen Seite kann das traumatisierte Kind möglicherweise Schwierigkeiten haben, seine traumatischen Erfahrungen in Worte zu fassen. Es kann schwer sein, über das Erlebte zu sprechen oder die eigenen Gefühle und Ängste auszudrücken. Dies kann auf verschiedene Faktoren zurückzuführen sein, wie beispielsweise eine Sprachbarriere, Verwirrung, Scham oder das Fehlen geeigneter Worte, um die traumatischen Erlebnisse angemessen zu beschreiben. Auf der anderen Seite kann die Lehrkraft selbst mit der Herausforderung konfrontiert sein, angemessen auf die Bedürfnisse des traumatisierten Kindes einzugehen. Sie kann sich unsicher fühlen, wie sie das Thema *Trauma* ansprechen und das Kind unterstützen soll. Es kann auch schwierig sein, die richtigen Worte und Interventionen zu finden, um dem Kind zu helfen und eine vertrauensvolle Beziehung aufzubauen. Die *doppelte Sprachlosigkeit* kann zu einer Kommunikationslücke zwischen dem Kind und der Lehrkraft führen, die es schwierig macht, das Kind angemessen zu unterstützen und auf seine Bedürfnisse einzugehen.

Die dreifache Sprachlosigkeit

Die dreifache Sprachlosigkeit stellt im Kontext von traumatisierten und geflüchteten Kindern eine komplexe Herausforderung dar. Es sind nicht nur zwei, sondern drei entscheidende Faktoren, die es den Kindern erschweren können, sich klar und umfassend auszudrücken. Der erste Faktor ist die traumatische Erfahrung, die viele dieser Kinder gemacht haben. Diese Erfahrungen können es ihnen sehr schwer machen, darüber zu sprechen. Oft sind sie so schwerwiegend, dass es kaum möglich ist, die damit verbundenen Gefühle und Gedanken in Worte zu fassen. Der Bildungsbereich stellt die Kinder dann vor weitere Hürden. Selbst wenn die Lehrkräfte die besten Absichten haben, stehen sie oft vor der Herausforderung, sich auf die besonderen Bedürfnisse dieser Kinder einzustellen.

Die Gründe hierfür sind vielfältig und reichen von fehlender spezifischer Ausbildung über begrenzte Ressourcen bis hin zu eigenen Ängsten und Unsicherheiten im Umgang mit den sensiblen Themen dieser Kinder. Nicht zuletzt ist die Sprachbarriere ein kritischer Punkt. Viele dieser Kinder kommen in Länder, deren Sprache sie nicht oder nur rudimentär beherrschen. Ohne ausreichende Sprachkenntnisse ist es umso schwieriger, komplexe Gefühle und Erfahrungen zu kommunizieren. Angesichts dieser dreifachen Sprachlosigkeit wird deutlich, vor welch großen Herausforderungen die Bildungseinrichtungen und ihre Betreuenden stehen. Um diese Kinder wirksam zu unterstützen, bedarf es besonderer Ansätze.

Die *dreifache Sprachlosigkeit* stellt eine besondere Herausforderung für die Kommunikation und Unterstützung geflüchteter Kinder dar. Es erfordert einfallsreiche Ansätze und alternative Kommunikationsmethoden, um den Kindern zu helfen, sich auszudrücken und ihre Bedürfnisse zu vermitteln. Hier sind einige mögliche Ansätze:

1. Einsatz nonverbaler Kommunikation: Nutzen Sie Gesten, Mimik, Körperhaltung und visuelle Unterstützung (z. B. Bilder, Symbole), um die Kommunikation zu unterstützen und die Bedeutung zu vermitteln, auch wenn die Worte fehlen.

2. Dolmetscherdienste: Bei Bedarf können Dolmetscherinnen und Dolmetscher eingesetzt werden, um bei der Kommunikation zwischen dem Kind und dem pädagogischen Personal zu helfen. Dadurch wird eine Brücke zwischen den Sprachen geschaffen und das Verständnis gefördert.

3. Kulturelle Sensibilität: Zeigen Sie Respekt und Sensibilität gegenüber der kulturellen Herkunft des Kindes. Bemühen Sie sich, die kulturellen Hintergründe und Werte zu verstehen und einzubeziehen, um eine Verbindung und ein Vertrauensverhältnis aufzubauen.

4. Ressourcen und Unterstützung: Stellen Sie sicher, dass das Kind Zugang zu Ressourcen und Unterstützungsdiensten hat, die speziell für geflüchtete Kinder entwickelt wurden.

Dies können Sprachkurse, Traumatherapie oder kulturelle Vermittlungsprogramme sein, die bei der Überwindung der Sprachlosigkeit und der Bewältigung traumatischer Erfahrungen helfen können.

Mögliche Strategien könnten in der gezielten Aus- und Weiterbildung von Lehrkräften liegen, insbesondere im Bereich der Traumapädagogik. Auch der Einsatz von Sprach-

mittlern oder -assistentinnen in Schulen könnte zur Überbrückung beitragen. Interdisziplinäre Teams aus Psychologinnen, Sozialarbeitern und anderen Fachkräften können ein besseres Verständnis für die Bedürfnisse traumatisierter Kinder ermöglichen. Darüber hinaus können durch die enge Zusammenarbeit mit Eltern und Gemeinden unterstützende Netzwerke aufgebaut werden. Auch die Schaffung sicherer Rückzugsorte in Bildungseinrichtungen ist von Vorteil. Schließlich können alternative Kommunikationsformen wie Kunst oder Musik Kindern helfen, sich auszudrücken, wenn Worte fehlen. Ziel all dieser Bemühungen muss es sein, den betroffenen Kindern ein Umfeld zu bieten, in dem sie sich sicher, verstanden und unterstützt fühlen.

Fallbeispiel: Aabid, 8 Jahre, hat Kriegserfahrungen machen müssen.

Aabid ist ein achtjähriger Junge, der vor einem Jahr mit seiner Familie aus Syrien geflohen ist. Er besucht nun eine Grundschule in Deutschland. Aufgrund der Kriegserfahrungen und der abrupten Veränderungen hat Aabid Schwierigkeiten, sich sprachlich auszudrücken und am Unterricht teilzunehmen. Er fühlt sich oft isoliert und unsicher in der neuen Umgebung. Die Lehrerin erkennt die Herausforderungen, mit denen Ahmed konfrontiert ist, und nimmt sich Zeit, um seine Hintergrundgeschichte und seine individuellen Bedürfnisse zu verstehen. Sie verwendet visuelle Hilfsmittel wie Piktogramme und Bilder, um die Kommunikation zu erleichtern, und bietet ihm zusätzliche Sprachunterstützung an. Durch gezielte Übungen und spielerische Aktivitäten wird Aabids Selbstvertrauen gestärkt und seine Sprachentwicklung gefördert. Zudem wird er in gruppenbasierte Aktivitäten einbezogen, um seine soziale Integration und Zugehörigkeit zur Schulgemeinschaft zu fördern.

Fallbeispiel: Daria, 10 Jahre, ist aus der Ukraine geflohen und hat Schwierigkeiten mit der Zielsprache.

Daria ist ein zehnjähriges Mädchen, das vor einem Jahr mit ihrer Familie aus der Ukraine geflohen ist. Sie spricht nur begrenzt Deutsch und fühlt sich in der Klasse oft überfordert und unsicher. Sie hat Schwierigkeiten, den Unterrichtsinhalten zu folgen und sich aktiv zu beteiligen. Die Lehrerin erkennt Darias Bedürfnisse und setzt individuelle Sprachfördermaßnahmen ein, um ihr zu helfen, die deutsche Sprache besser zu verstehen und zu sprechen. Sie verwendet spielerische Methoden wie Lieder, Reime und interaktive Spiele, um Darias Sprachkenntnisse zu verbessern und ihr Selbstvertrauen zu stärken. Darüber hinaus arbeitet die Lehrerin eng mit den Eltern zusammen, um Unterstützung und Ressourcen für Darias sprachliche Entwicklung außerhalb des Unterrichts anzubieten. Durch die gezielte Förderung und das Eingehen auf Darias individuelle Bedürfnisse kann sie allmählich ihre Sprachbarrieren überwinden und sich besser in die Klassengemeinschaft integrieren.

Ideen für die pädagogische Arbeit

Ein Trauma kann dazu führen, dass Menschen empfinden, die Kontrolle über bestimmte Lebensbereiche oder spezielle Erfahrungen verloren zu haben. Auf das schulische Leben übertragen, bedeutet dies, dass die betroffenen Kinder Schwierigkeiten haben können, im Hier und Jetzt richtig anzukommen. Zudem kann die Fähigkeit eingeschränkt sein, Situationen adäquat zu erkennen und die eigenen Gefühle angemessen zu regulieren. Das kann ein Gefühl der Ohnmacht und des Kontrollverlusts über die eigene Gefühlslage auslösen. Das kann dann wiederum dazu führen, dass die Kinder Schwierigkeiten haben, sich selbst zu vertrauen. Plötzliche, zum Teil heftige, emotionale Reaktionen können zum Beispiel auftreten. Wenn das Kind Herzklopfen spürt und es nicht weiß, wie es reagieren soll, kann es das Vertrauen in sich selbst verlieren. Dieser Verlust von Selbstvertrauen führt oft zu einem Gefühl der Unsicherheit und Kontrollverlust. In der Folge kann das Kind quasi überall Gefahren wahrnehmen und die empfundene Bedrohung erscheint immer größer. Deshalb kann sich ein traumatisiertes Kind in der Schule oft nicht konzentrieren und verwendet stattdessen seine gesamte Energie darauf, sich sicher zu fühlen.

Es ist wichtig zu verstehen, dass kein Kind bewusst Probleme bereiten möchte. Auch Kinder mit Verhaltensauffälligkeiten möchten dazugehören und Teil der Gemeinschaft sein. Selbst sogenannte *Systemsprenger- und sprengerinnen* sehnen sich nach Akzeptanz und Zugehörigkeit. Bei anhaltender Ablehnung könnten sie den Gedanken entwickeln: *Bevor ihr mich rausschmeißt, werde ich dafür sorgen, dass ich rausgeschmissen werde.* Das wiederum gibt dem Kind ein Gefühl der Kontrolle und Sicherheit. Auch wenn es dem schulischen Erfolg im Wege steht, ergibt das Verhalten für diese Schülerinnen und Schüler in diesem Kontext Sinn. Demzufolge ist es von Bedeutung, Vertrauen, Sicherheit und Kontrolle in der Interaktion miteinander und in der Selbstwahrnehmung des Kindes zu fördern. Stellen Sie sich vor, **Sicherheit, Vertrauen und Kontrolle** sind wie drei interagierende Elemente in einem fein abgestimmten Mobile. Wenn Sie an einem dieser Fäden ziehen, bewegen sich die anderen beiden entsprechend – sie steigen auf oder fallen ab. Diese drei Elemente sind nicht nur miteinander verbunden, sondern behalten auch ihre individuellen Eigenschaften bei. Ein Mangel an Vertrauen, Sicherheit oder Kontrolle kann dazu führen, dass traumatisierte Schülerinnen und Schüler Schwierigkeiten haben, sich zu konzentrieren, sich im Klassenzimmer sicher zu fühlen oder an sozialen Aktivitäten teilzunehmen. Daher ist es wichtig, in einer schulischen Umgebung Maßnahmen zu ergreifen, die dazu beitragen, ein Gleichgewicht zwischen diesen drei Elementen herzustellen und aufrechtzuerhalten.

Sicherheit

Sie können das Gefühl von Sicherheit verstärken, damit den Kindern das Lernen und das Sichentwickeln leichter fällt. Wenn Sie als Lehrkraft ein Gefühl von Sicherheit erzeugen möchten, sind deshalb die Kommunikation, Regeln und Routinen, die Raumgestaltung und eine sichere Schule sehr wichtig.

Was bedeutet Sicherheit für Sie?
Bringen Sie es auf den Punkt und notieren Sie es auf einem Blatt Papier.

Kommunikation

Die Kommunikation spielt eine entscheidende Rolle im Umgang mit traumatisierten Kindern in der Grundschule. Eine sichere und unterstützende Umgebung kann durch eine authentische und klare Kommunikation geschaffen werden. Authentizität in der Kommunikation bedeutet, ehrlich und offen zu sein. Es beinhaltet das Zeigen von Empathie und Mitgefühl für die Erfahrungen der Kinder und das Eingehen auf ihre Bedürfnisse. Indem Lehrkräfte ihre eigenen Grenzen und Unsicherheiten akzeptieren und gleichzeitig ein verständnisvolles und respektvolles Umfeld schaffen, können sie Vertrauen aufbauen und eine sichere Bindung zu den Kindern herstellen. Authentizität in der Kommunikation ermöglicht es den Kindern, sich gehört und verstanden zu fühlen, was entscheidend für ihren Heilungsprozess sein kann. Haben Sie einmal einen schlechten Tag, ist es hilfreich, wenn Sie den Kindern dies angemessen mitteilen. Dies hilft den Kindern zum einen dabei, Ihr Verhalten besser einordnen zu können, zum anderen liefern Sie aber auch ein gutes, authentisches Verhaltensvorbild. Klarheit in der Kommunikation ist ebenfalls von großer Bedeutung. Durch klare und verständliche Botschaften können Lehrkräfte sicherstellen, dass die Kinder die Erwartungen und Regeln verstehen. Dies schafft Struktur und Sicherheit, die für traumatisierte Kinder besonders wichtig sind. Es ist wichtig, Anweisungen deutlich zu formulieren, Informationen präzise zu vermitteln und mögliche Missverständnisse zu vermeiden. Klarheit in der Kommunikation hilft den Kindern, sich sicherer und besser orientiert zu fühlen. Kündigen Sie hierfür möglichst alles an – auch gern mehrfach im Laufe der Woche – und vermeiden Sie möglichst Überraschungen wie: *Morgen haben wir eine Feuerwehrübung. Das kann dazu führen, dass es ein bisschen lauter wird.* Trifft Kinder eine Information unvermittelt, fehlt es an Möglichkeiten zur Einsicht. Frühe, begründete Ankündigungen schaffen auch Vertrauen in Sie als Person, Vertrauen in die Lebenswelt Schule, in sich selbst und helfen dabei, die Kontrolle und die Sicherheit zu behalten. Geben Sie lediglich Versprechen ab, die Sie auch sicher erfüllen können.

Es wäre beispielsweise nicht ratsam, einem Kind zu versichern, dass es in seiner Stadt, seinem Land oder an seiner Schule absolut sicher ist, da diese Aspekte außerhalb Ihres direkten Einflussbereichs liegen. Leider können Mobbing und Diskriminierung an jedem Ort stattfinden, sogar auf dem Schulhof einer Grundschule. Was Sie allerdings versichern können, ist, dass das Kind in Ihrer Gruppe oder Klasse sicher ist, da Sie als Verantwortliche stets aufmerksam sind und konsequent gegen jegliches Fehlverhalten einschreiten werden.

Regeln und Routinen

Jeder Mensch, insbesondere ein Kind, benötigt Gewohnheiten und Rituale, die ihm Sicherheit und Stabilität bieten. Für Kinder, die traumatische Erfahrungen gemacht haben, ist dieses Bedürfnis nach Sicherheit und Vorhersehbarkeit oft noch stärker ausgeprägt. In der Grundschule spielt der Kontext des Traumas bei der Gestaltung einer unterstützenden Lernumgebung eine entscheidende Rolle. Grundschullehrkräfte können durch die Implementierung von Gewohnheiten und Ritualen den Bedürfnissen traumatisierter Kinder gerecht werden. Dies können tägliche Routinen wie ein strukturierter Stundenplan, feste Regeln und Abläufe im Klassenzimmer oder regelmäßige Rituale am Anfang und Ende des Schultags sein. Indem klare Erwartungen und vorhersehbare Abläufe geschaffen werden, können Kinder Sicherheit und Vertrauen entwickeln. Je vorhersehbarer Sie das Leben in der Klasse organisieren, desto mehr helfen Sie Kindern, mit einem Stresssystem in Alarmbereitschaft, sich zu beruhigen. Gewohnheiten und Rituale machen den Tag für die Schulkinder vorhersehbar. Hier ein paar Ideen:

- Sie können die Woche mit einem Stuhlkreis beginnen.
- Beginnen Sie die Tage immer gleich: Sie können den Tag bspw. mit dem Singen eines Klassenlieds beginnen.
- Beenden Sie die Tage immer gleich: Sie können bspw. den Tag mit einem Spruch, einem Lied oder einem Motto abschließen.
  Auch können Sie gut am Tagesende besprechen, wer morgen vor der Klasse steht und ob es Besonderheiten geben wird.

- Zeigen Sie zehn Minuten vor Unterrichtsende auf die Uhr, damit die Kinder wissen, dass die Stunde gleich vorbei ist.
- Sie können zwischen zwei Aktivitäten für fünf Minuten ruhige Musik abspielen, in denen die Kinder aufräumen und aufbauen.
- Visualisieren Sie den Tagesablauf, um die Orientierung zu erleichtern. Die optische Darstellung unterstützt bestimmte Hirnregionen dabei, den Ablauf besser zu erfassen und zu verinnerlichen.
- Begrüßen Sie jedes Kind auf individuelle Weise, wenn es den Raum betritt. Ein inspirierendes Beispiel dafür ist ein Video auf YouTube, in dem an der Klassenzimmertür ein Poster mit vier verschiedenen Begrüßungsoptionen hängt. Bevor die Kinder in die Klasse treten, können sie auf das Poster tippen und so angeben, welche Art von Begrüßung sie bevorzugen: ein High-five, ein Handschlag, ein Nicken oder einfach ein freundliches *Hallo*.
  Dieses Ritual fördert sowohl das Gefühl der Zugehörigkeit als auch des Respekts und der Kontrolle.
- Bei Gelegenheiten für freies Spiel, diskutieren Sie im Vorfeld einige mögliche Spielaktivitäten. Dies kann den Kindern helfen, ihre Entscheidungen zu treffen und ihre Spielzeit optimal zu nutzen.

Wichtig ist aber, dass Sie Ihre eingeführten Routinen und Rituale beibehalten und nicht ohne triftigen Grund oder laufend verändern.

Sichere Klassenraum- und Unterrichtsgestaltung

> *Sehen Sie sich Ihren Klassenraum durch die Augen eines Kindes an: Wie sicher ist Ihr Klassenraum? Wie transparent ist Ihre Unterrichtsgestaltung?*

Ziel sollte es sein, mit dem Klassenraum einen sicheren und gemütlichen Ort, ohne viele Eindrücke, zu schaffen. Die Kinder sollten hier zur Ruhe kommen können, wenn sie gerade viel Stress erleben.

Auch die Unterrichtsgestaltung sollte vorhersehbar sein. Hier ein paar Ideen:

- Organisieren Sie Ihre Klasse übersichtlich. Vermeiden Sie zu viele Eindrücke. Es darf keine Stellen geben, die Sie nicht beaufsichtigen können.
- Veranschaulichen Sie Anweisungen nicht nur verbal, sondern auch visuell. Nutzen Sie hierfür beispielsweise schriftliche Notizen an der Tafel oder unterstützen Sie Ihre Worte mit Piktogrammen und Bildern. Aus neurophysiologischer Sicht ist dieser Ansatz wertvoll, da viele Erfahrungen vorsprachlich abgespeichert sind. Die visuelle Unterstützung kann den Kindern helfen, ein Gefühl von Kontrolle und Sicherheit zu erlangen.
- Verwenden Sie Symbole, um Orte oder Aktivitäten zu kennzeichnen, z. B. für die Leseecke.
- Bereiten Sie mit den Kindern Verhaltensoptionen vor. Jedes Kind macht bspw. für sich ein Poster oder ein Bild: *Das hilft mir, wenn ich aufgeregt/traurig/wütend … bin.* Damit haben Sie eine Sammlung von Interventionen von Kindern selbst gestaltet, immer sichtbar an der Wand. Das ist zusätzlich eine starke Wertschätzung der Kinder. Ist ein Kind zum Beispiel wütend, können Sie eine kurze Pause machen und jedes der Kinder ein Poster aussuchen lassen – es muss nicht das eigene sein. Die Kinder können die vorgeschlagene Aktion fünf Minuten lang machen. Diese Vorgehensweise können Sie ritualisiert einbringen, wenn nötig.

- Gestalten Sie klare Laufwege im Klassenraum, die jedem Kind erlauben, sich zu bewegen, ohne dabei den Lernprozess der anderen Schülerinnen und Schüler zu stören. Durch diese sorgfältige Raumnutzung entsteht eine strukturierte und störungsfreie Lernumgebung.
- Verstauen Sie Materialien ordentlich und gut sichtbar. Die Kinder sollen wissen, wo sich was befindet und es sich bei Bedarf selbst holen können. Beschriften Sie und sorgen Sie dafür, dass es möglichst immer gleich bleibt.
- Haben Sie einen festen Sitzplan und verändern Sie diesen nicht ohne vorherige Ankündigung oder Erläuterung. Ein traumatisiertes Kind braucht Klarheit, klare Strukturen, klare Ansagen.

Sichere Schule

Lassen Sie uns das Thema aus der Perspektive eines Kindes betrachten, das der Meinung ist, es gehe in eine Schule, die sicher ist: *Ich gehe in eine Schule, da ist es einigermaßen aufgeräumt, es ist einigermaßen übersichtlich. Ich weiß, wo alles ist, und finde mich gut zurecht. Wenn ich die Sprache nicht beherrsche, gibt es Piktogramme, zum Beispiel ein Toilettensymbol. Wichtig ist auch der Schulhof. Es gibt eine Pausenaufsicht. Die Spielgeräte sind so gemacht, dass nichts passieren kann. Im Klassenraum fühle ich mich sicher, weil ich immer am selben Platz sitze, weil da unsere Bilder hängen, weil ich weiß, wie die Struktur ist und weil es unsere Rituale gibt. Es gibt möglichst wenig Überraschungen.*

Eine sichere Schule ist ein Lernort, an dem Schülerinnen und Schüler sowie Lehrkräfte und Mitarbeitende in einem Umfeld lernen und arbeiten können, in dem sie sich sicher fühlen. Eine sichere Grundschule bietet Schutz vor emotionalen, physischen und psychologischen Gefahren oder Übergriffen. Hier ein paar Merkmale:

- Eine sichere Schule zeichnet sich durch Werte aus. Haben Sie drei wichtige Werte, für die Sie stehen, die Sie kommunizieren? Hängen Sie sie aus und unterstreichen Sie sie mit Bildern. Die Schulkinder sollen wissen, dass man an dieser Schule mit Dingen immer so umgeht. Ein *Bei Herrn Maier dürfen wir das aber* darf es nicht geben. Das wäre ein Problem für das Vertrauen und den Halt. In einer sicheren Schule sind Dinge immer gleich. Das gibt Schulkindern Sicherheit.
- Eine sichere Grundschule zeichnet sich auch dadurch aus, dass die Eltern mit eingebunden werden. Schaffen Sie einen produktiven Austausch, ein positives und unterstützendes Umfeld, in dem man gut lernen kann.
- Auch das Schulgebäude selbst sollte sicher gestaltet sein. Vielleicht verwenden Sie Piktogramme bzw. Bilder, damit jedes Kind weiß, wo was ist, wie z. B. die Toilette, das Sekretariat, die Schulleitung und die eigene Klasse.
- Die Klasse wiederum ist sicher gestaltet, wenn ich als Schulkind weiß, dass ich immer am selben Platz sitze.
- Auch der Pausenhof ist sicher, weil ich weiß, was wo ist.
- An einer sicheren Schule wird Mobbing nicht akzeptiert.
- Unbekannte Personen haben keinen Zutritt zur Schule und schon gar nicht zu Ihrem Klassenraum. Erklären Sie den Kindern, wie Sie dafür sorgen, dass sie in Ihrer Klasse sicher sind. Sollte externer Besuch anstehen, von wem auch immer, kündigen Sie das den Kindern vorher an.
- Soweit es in Ihrer Macht steht, sorgen Sie dafür, dass das Verlassen der Schule auf dem Heimweg sicher verläuft.

Die Schlussfolgerung dieser Ideensammlung sollte sein, dass alle Bereiche Ihrer Schule auf diese Art in einem sicheren Gesamtkunstwerk zusammenwirken.

Fallbeispiel: Eine Schule mit Werten

Die Willy-Meier-Grundschule legt großen Wert auf Kreativität, Miteinander und Nachhaltigkeit. Diese Werte sind für das gesamte Schulteam von großer Bedeutung und werden aktiv kommuniziert. In der Schule gibt es eine große Tafel, auf der die drei Werte prominent angezeigt werden. Zudem werden sie mit bunten und ansprechenden Bildern unterstrichen, um sie visuell hervorzuheben. Die Schulkinder wissen dadurch, dass diese Werte in der Schule eine wichtige Rolle spielen und dass sie von allen respektiert und eingehalten werden müssen. Es wird deutlich gemacht, dass es Regeln und Normen gibt, an die sich alle halten müssen, um ein vertrauensvolles und sicheres Schulumfeld zu schaffen. Die Klarheit und Beständigkeit in Bezug auf diese Werte vermittelt den Schulkindern Sicherheit und unterstützt ihr Wohlbefinden in der Schule.

Zusätzlich zur Integration der Werte in den Schulalltag wird auch eine enge Einbindung der Eltern angestrebt, um eine sichere Grundschule zu schaffen. Es werden regelmäßige Treffen und Veranstaltungen organisiert, bei denen die Eltern die Möglichkeit haben, sich aktiv einzubringen und sich mit dem Schulteam auszutauschen.

Diese Austauschplattform dient dazu, ein positives und unterstützendes Umfeld zu schaffen, in dem Eltern und Lehrkräfte gemeinsam für das Wohl der Schülerinnen und Schüler arbeiten können. Durch eine offene Kommunikation und ein vertrauensvolles Miteinander wird ein solides Fundament für die Bildung und Entwicklung der Kinder geschaffen. Die Eltern fühlen sich eingebunden und haben das Vertrauen, dass ihre Anliegen und ihre Bedürfnisse gehört und ernst genommen werden. Dies fördert eine sichere und unterstützende Lernumgebung, in der die Kinder optimal gedeihen können.

Vertrauen

Vertrauen dient als Ressource, die uns ermutigt, ins Unbekannte zu gehen. Das Vertrauen ist wie das Fahren auf einer Landstraße bei Nacht. Auch wenn der Lichtkegel des Autos nur einen begrenzten Bereich erhellt, vertrauen wir darauf, dass die Straße jenseits des Lichtkegels weitergeht. Wir haben das Vertrauen, dass wir sicher vorankommen, auch wenn wir nicht alles im Voraus sehen können. Indem wir uns selbst vertrauen, glauben wir an unsere Fähigkeiten und Stärken, selbst in unsicheren Situationen. Wenn wir den Menschen um uns herum vertrauen, bauen wir starke Beziehungen auf und wissen, dass wir auf ihre Unterstützung zählen können. Schließlich vertrauen wir darauf, dass all diese gemeinsamen Anstrengungen und das gegenseitige Vertrauen letztendlich zu einem positiven Ergebnis führen werden. Dieses Vertrauen ermöglicht es uns, mutig in die Zukunft zu schreiten und sowohl persönliche als auch gemeinschaftliche Herausforderungen erfolgreich zu bewältigen.

Vertrauen in andere

Vertrauen spielt eine entscheidende Rolle in der schulischen Umgebung, insbesondere im Kontext von Trauma und Schule. Es ist wichtig, dass Kinder ein Vertrauen in ihre Lehrkräfte und Mitschülerinnen und Mitschüler entwickeln, um sich sicher, unterstützt und bereit zum Lernen zu fühlen. Doch wie kann dieses Vertrauen aufgebaut werden? In diesem Kapitel werden wir die grundlegenden Prinzipien und Strategien erkunden, um ein Klima des Vertrauens in der Schule zu schaffen.

Wir werden auf die Bedeutung von Zuverlässigkeit, aktives Zuhören, Schaffung einer positiven Lernumgebung, Bindung und Beziehungsgestaltung sowie dem Vorbildsein eingehen. Durch die Umsetzung dieser Ansätze können wir eine vertrauensvolle Atmosphäre schaffen, in der Kinder sich sicher fühlen und ihre traumatischen Erfahrungen besser bewältigen können, um erfolgreich zu lernen und zu gedeihen.

Vertrauen lässt sich insbesondere durch Zuverlässigkeit gewinnen. Wenn Sie als Lehrkraft beispielsweise stets pünktlich zum Unterricht erscheinen, demonstrieren Sie Ihre Verbindlichkeit und stärken somit das Vertrauen der Schülerinnen und Schüler in Ihr Wort. Sollten Sie hingegen ein Versprechen brechen, etwa indem Sie trotz Zusage unangekündigte Tests oder Übungen veranstalten, kann dies Ihr Ansehen und Ihre Glaubwürdigkeit in den Augen der Schülerinnen und Schüler beeinträchtigen. Vertrauen können Sie auch etablieren, indem Sie zuhören. Die Herausforderung besteht darin, alle Schülerinnen und Schüler im Blick zu behalten und trotzdem auch die Einzelne und den Einzelnen zu sehen. Nehmen Sie sich die Zeit, auf die Bedürfnisse der einzelnen Schulkinder einzugehen, zeigen Sie Interesse – auch an ihrem Leben, nicht nur an den Leistungen. Schaffen Sie eine positive Lernumgebung, in der sich die Kinder wohl- und sicher fühlen. Gehen Sie offen, respektvoll und freundlich miteinander um. Im Bereich der Unterrichtsstörung ist der Faktor, der wirksam ist, die Bindung und Beziehungsgestaltung. Alles andere, wie Sanktionen und strenge Disziplin, kann zwar kurzfristige Verhaltensänderungen bewirken, doch langfristig ist es die Vertrauensbasis und die positive Beziehung zwischen Lehrkräften und Schülerinnen und Schülern, die einen nachhaltigen Einfluss auf das Verhalten haben. Strahlen Sie Sicherheit aus und gehen Sie mit gutem Beispiel voran: Agieren Sie niemals kopflos und unbeherrscht. Seien Sie stattdessen möglichst *vorhersehbar, deutlich, vertrauenswürdig, mitfühlend* und *emotional verfügbar.* Wahren Sie dabei Ihre Grenzen und akzeptieren die der anderen.

Zugehörigkeit und Selbstwirksamkeit

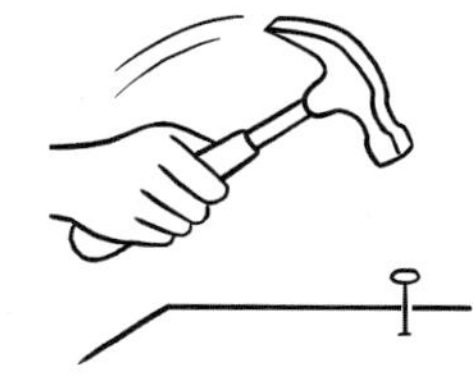

Traumatisierte Kinder haben das Gefühl, ihnen stehe auf die Stirn geschrieben: *Ich bin anders!* Sie möchten so gerne dazugehören. Wie können Sie den Kindern zu mehr Zugehörigkeit und Selbstwirksamkeit verhelfen? Mein Tipp: gemeinsam lachen, singen und tanzen. Es geht hierbei um Koordination und Kommunikation, man muss sich auf die anderen einstellen: Singen bietet eine natürliche Form der Atemmeditation, da eine kontrollierte Atmung für das Singen essenziell ist. Dieser Prozess fordert nicht nur die Konzentration, da man sich den Liedtext merken muss, sondern bringt auch durch die Vibrationen den Körper in Bewegung. Als gemeinschaftliche Aktivität stärkt Singen die sozialen Kompetenzen und fördert gleichzeitig ein Gemeinschaftserlebnis. Darüber hinaus stellt Singen eine effektive Methode dar, um Emotionen wie Wut, Angst und Trauer zu regulieren. Dieses kreative Ausdrucksmittel stärkt die Selbstwirksamkeit und das Selbstbewusstsein der Kinder. Lachen wirkt stressreduzierend, da es den Cortisolspiegel im Körper senkt und gleichzeitig die Ausschüttung der sogenannten Glückshormone, der Endorphine, fördert. Dies unterstützt den Abbau von Stress und fördert gleichzeitig das Wiederaufleben von Entspannung, Sicherheit und Vertrauen. Gemeinsames Lachen spielt daher eine zentrale Rolle in der Stressbewältigung. Tanzen oder rhythmische Bewegungen stellen eine ausgezeichnete Methode dar, um Körper und Geist in Einklang zu bringen. Als körperliche Betätigung kann es helfen, ein Gefühl von Freiheit und Selbstausdruck zu fördern. Während autogenes Training für Traumatisierte manchmal schwierig sein kann, da die Verbindung zwischen Körper und Geist belastet ist, ermöglicht das Tanzen oder jede gemeinsame Bewegungsaktivität, diese Verbindung wiederherzustellen. Lachen, Singen und Tanzen in der Gruppe fördert zudem eine starke soziale Bindung, die Gemeinschaft und Zusammengehörigkeit hervorbringt. Eine besonders wirkungsvolle Methode ist das Singen eines Liedes, das Sie gemeinsam mit den Kindern komponiert haben. Sie könnten die Melodie eines bekannten

Liedes nehmen und dazu einen eigenen Text verfassen – dafür müssen Sie nicht professionell komponieren können.

Um ein Gefühl der Zugehörigkeit und Selbstwirksamkeit zu fördern, ist auch die Gestaltung des Lernklimas von entscheidender Bedeutung. Es sollte auf Kooperation und Freundlichkeit ausgerichtet sein:

- Begegnen Sie Ihren Schülerinnen und Schülern stets mit Freundlichkeit, Offenheit und Respekt. Zögern Sie nicht, gelegentlich eine humorvolle Bemerkung einzustreuen, um eine positive und einladende Atmosphäre zu schaffen.
- Stärken Sie Zusammenarbeit und Teamgeist. Integrieren Sie kooperative Elemente direkt in den Unterrichtsplan. Durch die Förderung von Gruppenarbeiten unterstützen Sie die Kommunikation und das kollektive Problemlösen unter den Schulkindern.
- Nutzen Sie Gelegenheiten, um Lob und Wertschätzung auszudrücken. Jede positive Anerkennung kann das Selbstwertgefühl der Schulkinder stärken und ihre Motivation fördern.
- Nutzen Sie Geschichten oder Märchen, um Emotionen zu thematisieren.
- Arbeiten Sie gemeinsam mit den Kindern an einem erweiterten emotionalen Vokabular, das über einfache Kategorien wie *gut* und *schlecht* hinausgeht, und führen Sie Begriffe wie *wütend, traurig, ängstlich* und so weiter ein. Sie können dies sowohl verbal als auch visuell mithilfe von Bildern und Piktogrammen tun. Diese Herangehensweise fördert alternative Problemlösungskompetenzen und ermöglicht den Kindern, Konflikte selbstständig zu lösen, ohne auf physische Aggression oder *Petzen* zurückzugreifen.
- Sie können das Selbstvertrauen der Kinder stärken, indem Sie etwa Poster zur Förderung der Selbstwirksamkeit verwenden oder – noch besser – gemeinsam mit den Kindern gestalten.
- Durch das Vorleben von Vertrauen gegenüber den Kindern ermutigen Sie diese dazu, sich selbst mehr zuzutrauen und ihr eigenes Potential zu erkennen.

Kontrolle

Kontrolle ist für uns an dieser Stelle die Möglichkeit, auf einen Prozess, eine Emotion, eine Situation oder ein Ereignis einzuwirken beziehungsweise es zu steuern. Ich kann Dinge verändern, indem ich bewusst eingreife. Kontrolle bedeutet auch, über Kompetenzen zu verfügen, um Entscheidungen zu treffen und Dinge zu beeinflussen.

Kontrolle ist das Gegenteil von Ohnmacht – ein Hauptsymptom bei einer Traumatisierung, das Gefühl, *ohne Macht* zu sein. Im Gegensatz dazu bedeutet Kontrolle, dass ich mir der Situation bewusst bin und weiß, wie ich damit umgehen kann, um sie zu verändern. Ich kann auch meine Emotionen kontrollieren – nicht im Sinne von *Reiß dich zusammen und schluck alles runter,* sondern in dem Sinne, dass die Emotionen mich als betroffene Person nicht überrollen. Kontrolle spielt eine wichtige Rolle sowohl im äußeren wie auch im inneren Kontext, insbesondere im Zusammenhang mit Trauma und Grundschule.

Die Kontrolle nach außen vs. die Kontrolle im Innern

Die Kontrolle im **äußeren Kontext** bezieht sich auf die äußeren Umstände und Strukturen, die das Leben eines Kindes beeinflussen. In der Schule bedeutet dies beispielsweise die Einrichtung klarer Regeln und Strukturen, die den Schulkindern Sicherheit und Orientierung bieten. Durch klare Erwartungen und gut definierte Abläufe können die Schülerinnen und Schüler wissen, was von ihnen erwartet wird und wie sie sich in bestimmten Situationen verhalten sollen. Dies ermöglicht es ihnen, eine gewisse Kontrolle über ihr Verhalten und ihre Handlungen zu haben.

Die Kontrolle im **inneren Kontext** bezieht sich auf die persönliche Ebene und die individuelle Wahrnehmung und Bewältigung eines Traumas. Traumatische Erfahrungen können bei Kindern ein Gefühl von Machtlosigkeit und Kontrollverlust auslösen. Es ist daher wichtig, den Schülerinnen und Schülern Möglichkeiten zur Stärkung ihrer eigenen Kontrollmechanismen zu bieten. Dies kann durch die Förderung von Selbstwirksamkeit, Selbstregulation und Resilienz geschehen. Indem den Schulkindern Strategien und Werkzeuge zur Verfügung gestellt werden, um mit ihren Emotionen umzugehen und sich in schwierigen Situationen zu behaupten, können sie ein Gefühl von Kontrolle über ihr eigenes Wohlbefinden und ihre eigene Entwicklung erlangen.

Die Kontrolle im äußeren und inneren Kontext sind eng miteinander verbunden und beeinflussen sich gegenseitig. Indem den Kindern äußere Strukturen und Unterstützung geboten werden, können sie ihre eigenen inneren Ressourcen besser nutzen, um mit einem Trauma umzugehen. Gleichzeitig kann die Stärkung der inneren Kontrolle den Schülerinnen und Schülern helfen, sich besser an äußere Herausforderungen anzupassen und ihre eigene Entwicklung voranzutreiben.

Hier ein paar Ideen, wie Sie den Kindern das Gefühl geben können, Kontrolle zu haben:

- Für Kinder im Grundschulalter ist Kontrolle in erster Linie ein Gefühl: *Ich kann mich selbst beruhigen, ich habe Selbstwirksamkeit.* Schon eine Uhr an der Wand kann Kindern ein gutes Gefühl von Kontrolle vermitteln: *Ich weiß, wann der Unterricht vorbei ist.*
- Kinder haben ein stärkeres Gefühl von Kontrolle, wenn sie innerhalb eines fest abgesteckten Rahmens Auswahlmöglichkeiten haben. Auch bei Zurechtweisungen können Sie Auswahlmöglichkeiten geben und so einen Machtkampf vermeiden. Treffen Sie nicht Entscheidungen *für* das Kind ohne das Kind.

Fallbeispiel: Max, 10 Jahre, hat das Gefühl, keine Kontrolle zu haben.

Max ist ein Schüler in der vierten Klasse. Aufgrund traumatischer Erfahrungen hat er oft das Gefühl, keine Kontrolle über sein Leben zu haben. In der Schule äußert sich dies durch seine Reaktionen auf Zurechtweisungen. Seine Lehrerin, Frau Müller, möchte Max helfen, ein stärkeres Gefühl von Kontrolle zu entwickeln, und gleichzeitig Machtkämpfe zu vermeiden. Eines Tages bemerkt Frau Müller, dass Max unangemessen auf eine Zurechtweisung reagiert und sich in einen Konflikt verstrickt. Anstatt Max einfach zu bestrafen oder die Entscheidung für ihn zu treffen, entscheidet sich Frau Müller für eine andere Herangehensweise. Sie geht zu Max und sagt:

„Max, ich sehe, dass du gerade Schwierigkeiten hast, mit der Situation umzugehen. Ich möchte, dass du eine Entscheidung triffst, wie du darauf reagieren möchtest. Du kannst entweder eine Auszeit nehmen und einen Moment für dich nehmen, um dich zu beruhigen, oder du kannst mit mir darüber sprechen, was passiert ist und wie du dich fühlst. Es liegt bei dir." *Durch diese Herangehensweise gibt Frau Müller Max die Möglichkeit, eine Auswahl zu treffen und Kontrolle über seine Reaktionen zu haben. Max fühlt sich nicht bevormundet oder machtlos, sondern erkennt, dass er selbst über seine Handlungen entscheiden kann. Er entscheidet sich dafür, mit Frau Müller über das Geschehene zu sprechen, und beide finden gemeinsam eine Lösung für den Konflikt.*

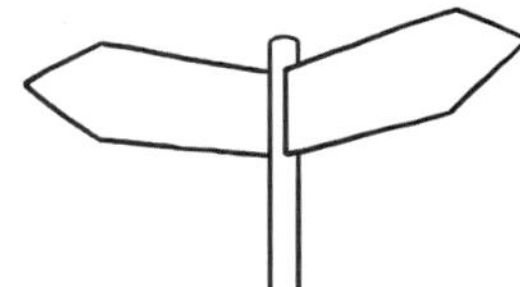

Indem Lehrkräfte den Kindern Entscheidungsfreiheit innerhalb eines fest abgesteckten Rahmens geben, können sie das Gefühl der Selbstbestimmung und Kontrolle stärken. Dies ermöglicht den Kindern, Verantwortung für ihr eigenes Verhalten zu übernehmen und gleichzeitig Konflikte auf konstruktive Weise zu lösen. Indem sie nicht Entscheidungen für das Kind treffen, sondern es aktiv in den Entscheidungsprozess einbeziehen, werden Machtkämpfe vermieden und das Selbstwertgefühl des Kindes gestärkt. Kinder lernen Kontrolle auch durch Sie als Lehrkraft: Indem Sie Kontrolle über die Klasse haben (*Classroom-Management*), Hilfestellungen leisten und die eigenen Gefühle regulieren, sind Sie ein Vorbild. Sie können die Klasse steuern und eine sichere, freundliche und unterstützende Lernumgebung schaffen.

Fallbeispiel: Tim, 11 Jahre, hat ein geringes Selbstwertgefühl.

Tim, ein Schüler in der vierten Klasse, hat aufgrund traumatischer Erfahrungen ein geringes Selbstwertgefühl und ein Gefühl der Hilflosigkeit entwickelt. Er zweifelt oft an seinen Fähigkeiten und glaubt, dass er keine Kontrolle über seine Umgebung hat. Die Lehrerin, Frau Müller, möchte Tim dabei unterstützen, ein stärkeres Gefühl von Kontrolle zu entwickeln.

Eines Tages während des Kunstunterrichts bemerkt Frau Müller, dass Tim sich sehr unsicher fühlt, als er versucht, ein Bild zu malen. Sie erkennt die Möglichkeit, sein Selbstvertrauen zu stärken und ihm ein Gefühl von Kontrolle zu vermitteln. Frau Müller geht zu Tim und sagt: ***„Tim, ich möchte dir sagen, dass ich sehe, wie hart du daran arbeitest, dein Bild zu malen. Du hast viele verschiedene Farben und Techniken ausprobiert und es ist großartig zu sehen, wie du experimentierst und deine Kreativität einbringst. Dein Bild ist das Ergebnis deiner eigenen Anstrengungen und ich bin stolz auf dich."*** Durch diese Worte fühlt sich Tim ermutigt und merkt, dass er tatsächlich einen Einfluss auf das Ergebnis seiner Arbeit hat. Er beginnt, ein stärkeres Gefühl von Kontrolle über seine eigenen Handlungen und Fähigkeiten zu entwickeln. Dieses Kompliment von Frau Müller bestärkt ihn darin, seine Fähigkeiten auszuprobieren und selbstbewusster an Aufgaben heranzugehen. Tim spürt, dass er die Kontrolle über sein eigenes Lernen und seine künstlerische Entwicklung hat.

Dieses Fallbeispiel verdeutlicht, wie ein gezieltes Kompliment dazu beitragen kann, das Gefühl von Kontrolle bei einem traumatisierten Kind zu verstärken. Durch die Anerkennung seiner Bemühungen und Leistungen fühlt sich das Kind ermutigt und entwickelt ein gestärktes Selbstvertrauen. Es erkennt, dass es durch sein eigenes Handeln und seine eigenen Anstrengungen einen Einfluss auf seine Umgebung und Ergebnisse hat. Dieses erhöhte Gefühl von Kontrolle unterstützt das Kind dabei, Selbstvertrauen aufzubauen und ein positiveres Bild von sich zu entwickeln. Um den Schülerinnen und Schülern ein Gefühl von Kontrolle zu vermitteln, ist es wichtig, dass Sie als Lehrkraft klare Erwartungen und Regeln für das Verhalten aufstellen. Kommunizieren Sie sie deutlich und verdeutlichen Sie sie gegebenenfalls mit einem Poster oder einer ähnlichen visuellen Darstellung. Ein solches Poster kann eine visuelle Erinnerung an die Regeln sein und den Kindern helfen, sich daran zu orientieren. Um dem Ganzen einen offiziellen Charakter zu verleihen, können Sie alle Kinder in den Prozess einbeziehen. Statt das Poster von den Kindern einfach unterzeichnen zu lassen, können Sie ihnen die Möglichkeit geben, etwas dazu beizutragen.

Zum Beispiel könnten sie einen farbigen Fingerabdruck auf dem Poster hinterlassen oder sich selbst auf dem Poster malen. Dies schafft ein Gefühl der Mitwirkung und Beteiligung und vermittelt den Kindern ein stärkeres Gefühl von Kontrolle über ihre Lernumgebung. Es ist jedoch unvermeidlich, dass es hin und wieder vorkommt, dass ein Kind gegen die Regeln verstößt. In solchen Fällen liegt es in der Verantwortung der Lehrkraft, die Kontrolle wiederherzustellen und angemessen darauf einzugehen. Indem Sie konsequent handeln und klare Konsequenzen für Regelverstöße setzen, zeigen Sie den Kindern, dass sie in einer sicheren Umgebung lernen können. Die anderen Kinder, die dies beobachten, erkennen, dass Sie als Lehrkraft stets dafür sorgen, dass alle Schülerinnen und

Schüler in einem geschützten und förderlichen Umfeld lernen können. Durch Ihre konsequente und einfühlsame Vorgehensweise stärken Sie das Vertrauen der Kinder und ermöglichen ihnen ein Gefühl von Kontrolle über ihr eigenes Lernen und Verhalten.

In diesem Kapitel ging es darum, wie Lehrkräfte Ideen und Strategien einsetzen können, um traumatisierten Kindern ein Gefühl von Kontrolle zu vermitteln. Kontrolle bedeutet in diesem Zusammenhang die Möglichkeit, auf einen Prozess, eine Emotion, eine Situation oder ein Ereignis einzuwirken und zu steuern. Die weiteren Unterüberschriften *Sicherheit* und *Regeln und Routinen* betonen die Bedeutung von klaren Strukturen, klaren Regeln und einem vorhersehbaren Ablauf. Indem Lehrkräfte einen klaren Tagesablauf festlegen, klare Regeln und Grenzen kommunizieren und vorhersehbare Abläufe schaffen, vermitteln sie den Kindern ein Gefühl von Sicherheit und Kontrolle.

Ausblick

Als Grundschullehrkraft ist es von großer Bedeutung, den Spagat zwischen der Unterstützung traumatisierter Schulkinder und dem gleichzeitigen Einbezug aller Schulkinder in die Gemeinschaft zu meistern – ohne sich selbst zu verausgaben. Dabei ist es entscheidend, dass traumatisierte Schulkinder nicht als *besonders* oder isoliert betrachtet werden, sondern als integraler Bestandteil der Gemeinschaft.

Um diesen Ansatz umzusetzen, ist es wertvoll, ein inklusives Klassenzimmerklima zu schaffen, das auf gegenseitigem Respekt, Empathie und Verständnis basiert. Gemeinschaftsbildung spielt hierbei eine zentrale Rolle. Von Anfang an sollten Sie ein Gefühl der Zugehörigkeit und des Zusammenhalts in der Klasse fördern, sodass sich alle Schülerinnen und Schüler akzeptiert und wertgeschätzt fühlen. Regelmäßige Teamarbeit, Gruppenprojekte und gemeinsame Aktivitäten stärken das Gemeinschaftsgefühl und fördern das Verständnis füreinander. Die Einbeziehung aller Schulkinder ist ein weiterer wichtiger Aspekt. Achten Sie darauf, die Bedürfnisse und Fähigkeiten aller Kinder zu berücksichtigen und in den Unterricht zu integrieren. Differenzierte Lernmöglichkeiten ermöglichen es allen Schülerinnen und Schülern, sich einzubringen und erfolgreich zu sein. Nutzen Sie kooperative Lernmethoden, bei denen die Kinder voneinander lernen und sich gegenseitig unterstützen können. Um sowohl traumatisierten Kindern als auch den anderen Schulkindern gerecht zu werden, ist es wichtig, ein unterstützendes Netzwerk von Fachkräften aufzubauen. Arbeiten Sie eng mit Schulpsychologen, Sozialarbeiterinnen und anderen Expertinnen und Experten zusammen, um eine umfassende Betreuung und Unterstützung für traumatisierte Schülerinnen und Schüler sicherzustellen. Gleichzeitig sollten Sie auch Ihre eigene Selbstfürsorge nicht vernachlässigen und bei Bedarf professionelle Unterstützung in Anspruch nehmen. Offene Kommunikation ist ein weiterer Schlüssel. Ermöglichen Sie den Schulkindern eine offene und ehrliche Kommunikation, in der sie über ihre Gefühle und Erfahrungen sprechen und einander zuhören können. Schaffen Sie einen sicheren Raum, in dem traumatisierte Schülerinnen und Schüler ihre Bedürfnisse ausdrücken können, ohne stigmatisiert zu werden.

Letztendlich ist es wichtig, sich kontinuierlich fortzubilden und zu reflektieren. Investieren Sie in Ihre eigene Weiterbildung im Bereich Traumapädagogik, um Ihre Kenntnisse und Fähigkeiten zu erweitern. Halten Sie sich über aktuelle Forschungsergebnisse und bewährte Praktiken auf dem Laufenden. Nehmen Sie regelmäßig an Fortbildungen teil, die Ihnen helfen, neue Strategien und Ansätze zur Unterstützung traumatisierter Kinder zu entwickeln.

Setzen Sie sich dabei auch mit Ihren eigenen Grenzen auseinander und reflektieren Sie regelmäßig Ihre Rolle als Grundschullehrkraft. Gleichzeitig sollten Sie jedoch darauf achten, sich nicht selbst zu verausgaben. Die Betreuung traumatisierter Kinder kann herausfordernd sein und emotionale Belastungen mit sich bringen. Nehmen Sie sich bewusst Zeit für Ihre eigene Selbstfürsorge, um Ihre eigenen Ressourcen aufzufüllen. Finden Sie Strategien, die Ihnen helfen, Stress abzubauen, wie zum Beispiel regelmäßige Pausen, Sport oder Hobbys, die Ihnen Freude bereiten. Denken Sie daran, dass jedes Kind einzigartig ist und individuelle Unterstützung benötigt. Ihre Rolle als Grundschullehrkraft besteht darin, eine sichere und unterstützende Lernumgebung zu schaffen, in der alle Schülerinnen und Schüler ihr volles Potenzial entfalten können. Mit Empathie, Flexibilität und einem ganzheitlichen Ansatz können Sie dazu beitragen, dass sie gemeinsam lernen und wachsen. Traumapädagogik ist die Verbindung von pädagogischen Ansätzen mit Erkenntnissen aus der Psychotraumatologie. Dabei steht der ganze Mensch im Mittelpunkt – seine Emotionen, seine Wahrnehmungen, seine Beziehungen und seine Resilienz. Diese Ansätze gehen über traditionelle Bildungskonzepte hinaus und bieten individuellere und integrativere Ansätze für die Arbeit mit traumatisierten Menschen. Die Haltung ist geprägt von Empathie, Verständnis und Respekt. Sie beinhaltet das Bewusstsein, dass die Lernenden eine Geschichte von Trauma und Schmerz haben können und dass diese Erfahrungen ihre gegenwärtige Denkweise, ihr Verhalten und ihre Emotionen beeinflussen können.

Als Grundschullehrkraft ist es eine Herausforderung, eine positive Beziehungsgestaltung mit traumatisierten Schülern zu pflegen, ohne dabei zu nah zu kommen oder sich selbst zu überfordern. Es ist jedoch möglich, eine gesunde Balance zwischen Empathie und Abgrenzung zu finden. Um dies zu erreichen, ist es wichtig, sich regelmäßig zu reflektieren und die eigenen emotionalen Reaktionen sowie Grenzen zu erkennen. Indem man sich bewusst ist, welche Bedürfnisse man selbst hat und wie man für das eigene Wohlbefinden sorgt, kann man sich besser abgrenzen. Es ist ratsam, bei Bedarf professionelle Unterstützung in Form von Beratung oder Supervision in Anspruch zu nehmen.
Dies kann dabei helfen, die eigene psychische Gesundheit und Unterstützung bei der Arbeit mit traumatisierten Schulkindern zu erhalten. Durch bewusste Selbstreflexion, klare Grenzen, professionelle Unterstützung und eine ressourcenorientierte Arbeitsweise ist es möglich, eine positive Beziehungsgestaltung mit traumatisierten Schulkindern zu erreichen, während man gleichzeitig die eigene psychische Gesundheit wahrt und sich angemessen abgrenzt.

Mit diesem Buch über den Umgang mit traumatisierten Grundschulkindern möchte ich die Hoffnung und den Optimismus in Ihre Herzen tragen. Es ist eine Reise der Erkenntnis, des Lernens und des Wachstums, die uns dazu ermutigt, uns diesem wichtigen Thema mit Mitgefühl und Respekt zu widmen. Ich bin zutiefst dankbar für die Möglichkeit, mich mit dieser Thematik auseinanderzusetzen und das Bewusstsein für die Bedürfnisse traumatisierter Kinder schärfen zu dürfen.

Und ich danke Ihnen sehr, dass Sie sich etwas Ihrer kostbaren Zeit genommen haben und sich diesem Thema gewidmet haben. Jeder Schritt, den wir unternehmen, um traumatisierten Schulkindern zu helfen und ihnen eine sichere Umgebung zu bieten, ist von unschätzbarem Wert. Der Weg mag herausfordernd sein, aber er ist von großer Bedeutung. Jedes Lächeln, jeder Fortschritt und jedes Gefühl der Sicherheit, das wir den traumatisierten Kindern schenken können, ist eine Erinnerung daran, dass unsere Bemühungen Früchte tragen. Und es ist ein Signal an das Kind in Schwierigkeiten, dass es möglich ist, trotz allem *Ja* zum Leben zu sagen. Ich wünsche Ihnen allen viel Erfolg bei der Umsetzung der erlernten Strategien und Methoden. Für weitere Fragen, Vorträge oder Möglichkeiten zur Ausbildung stehe ich Ihnen gerne zur Verfügung. Gemeinsam können wir einen Unterschied machen und das Leben traumatisierter Grundschulkinder nachhaltig positiv beeinflussen.

Literaturverzeichnis

Felitti VJ, Anda RF, Nordenberg D, Williamson DF, Spitz AM, Edwards V, Koss MP, Marks JS. Relationship of childhood abuse and household dysfunction to many of the leading causes of death in adults. The Adverse Childhood Experiences (ACE) Study. Am J Prev Med. 1998 May;14(4):245–58. doi: 10.1016/s0749-3797(98)00017-8. PMID: 9635069.

Landolt MA, Schnyder U, Maier T, Schoenbucher V, Mohler-Kuo M. Trauma exposure and posttraumatic stress disorder in adolescents: a national survey in Switzerland. J Trauma Stress. 2013 Apr;26(2): 209–16. doi: 10.1002/jts.21794. Epub 2013 Mar 13. PMID: 23494743.